Der französische Autor Henri Murger beschrieb in der Mitte des 19. Jahrhunderts in seinen *Scènes de la Vie de Bohème* die Lebens- und Liebesverhältnisse der mittellosen Pariser Künstlerwelt. In seinem Erfolgsroman und dem gleichnamigen Schauspiel entwarf er das Bild einer ebenso genussfreudigen wie entbehrungsreichen, ganz dem Moment zugewandten Lebensform fern von bürgerlichen Werten und Zwängen.

1893 interessierten sich gleich zwei der führenden italienischen Opernkomponisten ihrer Zeit für diesen Stoff. Ruggero Leoncavallo und Giacomo Puccini fochten einen öffentlichen Streit aus um das Vorrecht für ihre Opernbearbeitung dieser Vorlage, den Puccini für sich entscheiden konnte. Am 1. Februar 1896 (und damit 15 Monate vor der Adaption Leoncavallos) wurde seine *Bohème* in Turin unter der musikalischen Leitung des jungen Arturo Toscanini uraufgeführt.

Aus ganz unterschiedlichen Perspektiven beleuchten die Autoren der Originalbeiträge dieses Bandes die anhaltende Faszination an dieser Lebensform – der Musikjournalist Ulrich Schreiber, die Ethnologin Susanne Schröter, die Regisseurin Lindy Hume. Historische Dokumente, literarische Texte, eine ausführliche Zeittafel zur Stoff-, Entstehungs- und Rezeptionsgeschichte von *La Bohème* sowie eine wortgetreue Übersetzung des Librettos vervollständigen diesen Band.

insel taschenbuch 2919
Giacomo Puccini
La Bohème

GIACOMO PUCCINI ALS BOHÉMIEN

LA BOHÈME

Szenen aus Henri Murgers
La Vie de Bohème
in vier Bildern von Giuseppe Giacosa
und Luigi Illica
Musik von Giacomo Puccini

Herausgegeben von der
Staatsoper Unter den Linden
Insel Verlag

Text- und Bildredaktion: Ilka Seifert
insel taschenbuch 2919
Erste Auflage 2001
Für diese Ausgabe:

Hinweise zu dieser Ausgabe am Schluss des Bandes
Vertrieb durch den Suhrkamp Taschenbuch Verlag
Druck: Konkordia, Bühl
Printed in Germany

1 2 3 4 5 6 – 06 05 04 03 02 01

INHALT

ULRICH SCHREIBER
Der Einzige und sein Eigentum. Giacomo Puccini und die Ästhetik des Bohème-Stoffs 9

SUSAN SONTAG
Krankheit als Metapher 22

SUSANNE SCHRÖTER
Rebellion als Lebensstil und Initiationserlebnis 28

HENRI MURGER
Donec gratus 43

LINDY HUME
Über Nostalgie und Reue, La Bohème *und einen Walzer mit meiner Großmutter* 48

JOHANNES R. BECHER
Café Stefanie 1912 55

Libretto 57
Zeittafel 144
Handlung 169
Autoren 172
Literatur- und Bildnachweise 174

Ich liebe die kleinen Dinge,
und ich kann und will
nur die Musik der kleinen Dinge machen,
wenn sie wahr, leidenschaftlich
und menschlich sind
und zu Herzen gehen.

GIACOMO PUCCINI

ULRICH SCHREIBER

Der Einzige und sein Eigentum. Giacomo Puccini und die Ästhetik des Bohème-Stoffs

Mit deutlicher Herablassung bietet ein in feines Tuch gehüllter Schönling dem heruntergekommenen Maler gerade einmal 1500 Francs, wenn er ihn porträtiere. Und da es in Aki Kaurismäkis Film von 1991 *La Vie de Bohème* sein letztes Angebot ist, unterfüttert Jean-Pierre Léaud es mit einer Beigabe: zwei Karten für die Oper. Aber damit kommt er schlecht an bei seinem Gesprächspartner. Der Maler mault etwas von der absterbenden Kunstform der Oper: Das Mitglied der real existierenden Bohème hat kein Bedürfnis, sich Puccinis fiktive Bohémiens auf der Bühne anzusehen. Die Oper: eine absterbende Kunstform? Tatsächlich erscheint die Bemerkung von Kaurismäkis Maler überhaupt nicht abwegig. Denn Puccinis Oper ist auch ein musikalisches Lehrstück vom rechten Sterben.

Als Heinrich Mann 1941 im amerikanischen Exil begann, seine Lebens- und Epochenbeschreibung *Ein Zeitalter wird besichtigt* zu Papier zu bringen, erwähnte er einen Ausflug aus dem Jahre 1900: mit der von Pferden gezogenen Trambahn zwischen Florenz und Fiesolo. Da hörte er, und zwar zum ersten Mal in seinem Leben, Musik von Puccini – ausgerechnet auf einem Leierkasten gespielt: Es war die zur trivialen Straßenkunst heruntergekommene Arie des Rodolfo aus dem ersten Bild der *Bohème*. Was manch einer als sentimentales Wärmen eines eiskalten Frauenhändchens abtut, war ihm unvergesslicher Ausdruck »des leidenschaftlichen Lebensgefühls jener Tage«, und in ihm nahm Mann eine weltliche Dreieinigkeit wahr von »Schmelz, Aufschwung und Todesverlangen«.

Schmelz, Aufschwung und Todesverlangen: Das ist schon ein kleines Kunststück der literarischen Anverwandlung von Musik. Denn der Quartsprung, mit dem der Dichter Rodolfo der Grisette Mimì in einer vorweggenommenen, heimlichen Liebeserklärung schildert, dass ihn gelegentlich ein hübsches Augenpaar von seinen dichterischen Träumen ablenkt, vermittelt – schon ehe der Poet sich zum hohen C katapultiert – Schmelz und Auftrieb zugleich. Aber hören wir auch ein Todesverlangen, wenn dieser Quartaufschwung sogleich tonschrittweise zurückgeschraubt wird, bis er auf der Ausgangsstufe landet? Zumindest können wir immer wieder bei Puccini konstatieren, dass eine Eingangsspannung abgebaut wird und versickert.

Thomas Mann hatte die Beschreibung des musikalischen Abbrennens einer Lebensflamme in seinem 1924 erschienenen Roman *Der Zauberberg* durch eine leidensmotivische Verbindung seines fiktiven Helden Hans Castorp auch mit Puccinis *Bohème* in hohe Literatur überführt. Ich meine das letzte Kapitel *Fülle des Wohllauts*, ehe Hans Castorp in den mit einem Donnerschlag ausbrechenden Ersten Weltkrieg stürzt und den Tod findet. Der wie Puccinis Mimì lungenkranke Hans Castorp sitzt da im Davoser Sanatorium Berghof vor einer Attraktion des Hauses: dem mit imponierendem Trichter aufwartenden Plattenabspielgerät des vielversprechenden Namens ›Polyhymnia‹. Weltabgewandt lauscht er den frisch vom Plattenmarkt akquirierten Schätzen: etwa dem »unsichtbar-wohllautenden Liebespärchen« aus dem ersten Bild von Puccinis *La Bohème*. »Zärtlicheres gab es auf Erden nicht«, schreibt Thomas Mann, »als diese bescheidene und innige Gefühlsannäherung«. Und wenn die auf Hans Castorps Platte mit »einem glashell-süßen kleinen Sopran« ausgestattete Mimì am Ende der Oper unbemerkt von ihrem Liebhaber Rodolfo in den anderen Zustand hinübergleitet – Puccini gestaltet diesen Tod ohne Verklärung mit nichts als einem harmonischen Wechsel im Orchester von Des-Dur nach h-Moll –, dann wissen wir, dass Hans Castorp mit seinen gefalteten Händen die angemessene Haltung für dieses ihm zum weltlichen Gebet gewordene Opernduett angenommen hatte. Mimì ist nämlich, wie alle sterbenden Frauengestalten Puccinis, eine Märtyrerin – wenngleich eine ohne Religion.

Anfang 1934 skizzierte Walter Benjamin in seinem unvollendet gebliebenen *Passagenwerk* die Triebkräfte der Pariser Großstadtkultur im 19. Jahrhundert um die Schlüsselfigur des flanierenden Dichters Baudelaire, so nennt übrigens bei Kaurismäki der Maler seinen Hund. In diesem Paris, für das er die Formel »Hauptstadt des 19. Jahrhunderts« prägte, wies Benjamin dem Künstlervölkchen der Bohème eine zentrale Funktion zu. Einerseits erschienen ihm die vom Baron Haussmann in das mittelalterliche Dickicht des Stadtbilds geschlagenen Boulevards als ein Mittel zum Niederkartätschen klassenkämpferischer Barrikadenbesetzer – die prächtig breiten und planierten Straßen eigneten sich bestens für einen schnellen Militäraufzug. Auf der anderen Seite galt ihm die Bohème im Gegensatz zu dem beim Rummel um die Weltausstellungen explodierenden modernen Fetischcharakter der Ware als sozialer Bodensatz aus der Epoche des Bürgerkönigs Louis-Philippe.

Als literarisches Zeugnis von Glanz und Elend dieser Bohémiens gelten die 23 locker aneinander gereihten Erzählungen *Scènes de la Bohème* von Henri Murger, die zwischen dem März 1845 und dem April 1849 in der Pariser Zeitschrift *Le Corsaire-Satan* erschienen und heute unter dem Titel ihrer Buchausgabe von 1851 als *Scènes de la Vie de Bohème* bekannt sind. Diese Szenen aus dem Leben der Bohème bleiben, vergleichbar der ebenfalls in der Gattung Oper vor dem Vergessenwerden bewahrt gebliebenen *Kameliendame* des jüngeren Alexandre Dumas, keineswegs in reiner Fiktion stecken. In ihnen spiegelt sich, wie verfremdet auch immer, ein gehöriger Realienbestand. So ist die Figur des Dichters Rodolphe ein – allerdings um die tödliche Tuberkulose beschnittenes – Selbstporträt Murgers, der Maler Marcel wurde aus einem Schriftsteller und zwei Malern in Murgers Freundeskreis zusammengesetzt, und das bei Murger wie in Puccinis Oper vorkommende Gemälde *Die Durchquerung des Roten Meeres* hat es ebenso gegeben wie das Café Momus: auf der Rue des Prêtres Saint-Germain l'Auxerrois Nr. 15, im 1. Arrondissement.

Die um 1840 in Paris einsetzende Mode des Fortsetzungsromans war so etwas wie der Reihenabwurf in heutigen Fernsehserien, die zwischen *Lindenstraße*, *Schwarzwaldklinik* oder *Big Brother* zukünftigen Historikern als Symptome unserer Epoche im Niedergang zur alles platt walzenden Radioluxemburgisierung einer einstmals auch massenmedialen Kulturlandschaft gelten werden. Das Paris des Bürgerkönigs ahnte von solchem Umschlag der Vielfalt der Programme in eine noch größere Einfalt ihrer Inhalte nichts, damals hatte die Massenunterhaltung in den Fortsetzungsromanen der Feuilletons noch einen gewissen Informations- und Kulturwert. Das neben Murgers Bohème-Szenen bekannteste Werk dieses Genres waren die 1842/43 erschienen *Mystères de Paris* von Eugène

DAS LIEBLINGSCAFÉ MURGERS, DAS SICH NACH DEM ERFOLG VON MURGERS ROMAN DEN URSPRÜNGLICH FIKTIVEN NAMEN »MOMUS« GAB UND SPÄTER REGELRECHTE PILGERSTRÖME ANZOG.

Sue. Sie lieferten Forschern zwischen Karl Marx in *Die heilige Familie* und dem Literaturwissenschaftler Volker Klotz in *Die erzählte Stadt* Materialien zu einer Geschichte der bürgerlichen Ideologiebildung.

Auf dem Weg von Murger zu Puccini hat der Bohème-Stoff Verluste erlitten. Etwa den jener Kategorie des Einzigen und seines Eigentums, die Max Stirner in Konkurrenz mit den auf das Proletariat konzentrierten Dioskuren Marx-Engels als Ideologie des Mittelstandes erfand. Sie forderte nichts weniger als den Existenzkampf bis aufs Messer. So gibt es die *Bohème* auf dem Musiktheater gleich in zweifacher Ausfertigung, sozusagen als doppeltes Lottchen. Nicht nur Puccini hat sie 1896 musikalisch verewigt, sondern ein Jahr später auch Ruggero Leoncavallo, der nicht grundlos in einer Zeitschrift seines Verlegers Sonzogno im März 1893 eine Notiz veröffentlichte, mit der er für seine »Commedia lirica« die urheberische Priorität bekundete. Aus einem Brief Puccinis an seinen wie er dem Verlagshaus Ricordi verbundenen Hauptlibrettisten Luigi Illica können wir die der Gewissheit nahe kommende Vermutung ableiten, dass sich Puccinis Verleger unter Umgehung aller Rechte Leoncavallos um die Exklusivrechte an Murgers Roman bemühte. Und da nach den Forschungen von Jürgen Maehder der fast 600 Dokumente umfassende Briefwechsel zwischen Giulio Ricordi und Illica aus den Jahren 1891-1912 ausgerechnet zwischen dem Dezember 1892 und dem April 1893 eine völlig untypische Lücke aufweist, liegt der Verdacht nahe, dass hier für den Fall eines Plagiatprozesses mit Leoncavallo vorsorglich Spuren verwischt wurden.

Leoncavallo indes ließ es nicht darauf ankommen, den Streit justitiabel zu machen – er war in dieser Beziehung gebranntes Kind, da ihm zur selben Zeit der französische

Puccini an den Direktor des *Corriere della sera*

Sehr geehrter Herr Direktor!

Milano, 21. 3. 1893

Ich wäre Ihnen sehr dankbar, wenn Sie in Ihrer geschätzten Zeitung einen Platz für diesen kurzen Brief fänden.

Die Erklärung von Maestro Leoncavallo im gestrigen *Secolo* muss der Öffentlichkeit meine Ehrlichkeit deutlich gemacht haben; denn wenn Maestro Leoncavallo, dem ich seit langem freundschaftlich verbunden bin, mir vorher anvertraut hätte, was er mich vorgestern abend wissen ließ, hätte ich sicher nicht an die *Bohème* von Murger gedacht. Nun bin ich – aus leicht verständlichen Gründen – nicht mehr in der Lage, dem Freund und Musiker einen Gefallen zu tun, wie ich gern möchte. Übrigens, was liegt dem Maestro Leoncavallo daran?

Er wird musizieren, ich werde musizieren. Das Publikum soll urteilen. Das Zuvorkommen in der Kunst bedeutet nicht, daß man dasselbe Sujet mit denselben künstlerischen Intentionen interpretieren muss. Ich lege nur Wert darauf, mitzuteilen, dass ich seit circa zwei Monaten, d. h. bis zu den ersten Vorstellungen von *Manon Lescaut* in Turin, ernsthaft an meinem Vorhaben gearbeitet hatte, ohne daraus ein Geheimnis zu machen.

[Giacomo Puccini]

Autor Catulle Mendès vorwarf, ihm die Idee zu der Oper *Der Bajazzo* gestohlen zu haben. Zwischen Leoncavallo, der sich sogar eine Zeit lang als Co-Librettist für Puccini betätigte, und diesem wich aber das freundschaftliche Verhältnis dem unversöhnlichen Konkurrenzdruck. Puccini titulierte fortan seinen Kollegen Leon-Cavallo, dieses Löwen-Pferd, intern nur noch als Löwen-Bestie (Leonbestia) oder Löwen-Esel (Leonasino).

Dass Puccini, obwohl seine Oper früher als die des Kollegen fertig wurde, sich an Leoncavallos Libretto gütlich tat, liegt auf der Hand, wenn man die verblüffenden Parallelen zwischen beiden Opern sieht: Sie sind im Wesentlichen handlungsidentisch. Besonders auffällig, dass die Figur der Mimì in Murgers Roman zwar auftaucht, aber beileibe nicht in der Dominanz wie in beiden Opern. Das erklärt sich nur zum Teil daraus, dass sich die Komponisten insgeheim an das Bühnenstück hielten, das Murger zusammen mit Théodore Barrière 1849 aus seinem Roman gezimmert hatte. In dieser Komödie, die ihnen aus urheberrechtlichen Gründen noch nicht zum Zwecke der Vertonung zugänglich war, ist die Figur der Mimì, die Murger wiederum partiell aus Alfred de Mussets Erzählung *Mimi Pinson* übernommen hatte, mit anderen Romanfiguren vermischt. Verbunden ist diese Kontraktion – eine Brücke zwischen dem Theaterstück und den Opern – mit einer Veränderung des moralischen Aggregatzustands. Aus koketten Frauen, deren promiskuitives Sexualverhalten bei Leoncavallo noch spürbar ist, wurde Mimì bei Puccini im Zuge einer beinahe bis zur Revirginisierung führenden Reinwaschung eine Märtyrerin der Liebe.

Das ist der Kulminationspunkt in einem Veränderungsprozess, den ich kurz aus einer anderen Perspektive verdeutlichen möchte. Leoncavallo hat sich selbst ein Libretto geschrieben, in dem er Murgers Roman bis auf die Figur der Mimì erheblich treuer folgt als sein Kollege. Puccini tilgte nämlich zum Entsetzen seiner Librettisten Luigi Illica und Giuseppe Giacosa ein ganzes Bild. Es ist das Fest, das Musetta den Künstlern in einem Pariser Hinterhofmilieu gibt – sie muss ins Freie ziehen, weil sie gerade aus ihrer Wohnung geworfen wurde. Das ist eine für die Tendenzen des Romans bezeichnende Szene, obwohl Leoncavallo hier mit der Vorlage frei umgeht. So ist etwa bei Murger die Rede von einer symphonischen Dichtung mit dem Titel *Der Einfluss des Blau auf die Künste*. Bei Leoncavallo wird daraus eine Kantate, die der bei Puccini unterbelichtete Komponist Schaunard komponiert hat: als Parodie auf mechanische Koloraturen und Kadenzbildungen bei Rossini. Unterstützt wird der Effekt dadurch, dass Schaunard sein Werk selbst am Klavier vorträgt, und zwar einem verstimmten: Das D klebt in einer schäbigen Dissonanz mit dem Cis zusammen. Am Ende des Festes wird das Künstlervölkchen von den über den Lärm verärgerten Bürgern vertrieben.

Diese von Puccini gestrichene Szene habe ich erwähnt, um zwei für Leoncavallo im Sinne von Murgers Roman wichtige Dinge klarzustellen. Einmal den Aspekt von Meta-Kunst: Hier wird, ganz im Gegensatz zu Puccini, Kunst über Kunst gemacht, was sich an Zitaten aus Meyerbeers *Hugenotten* ebenso zeigt wie an Leoncavallos trotz Kürzungen rhythmisch peniblen Übertragungen aus dem Französischen; etwa Murgers *Hymne auf die Bohème* und seine *Ballade eines Verzweifelten* für den Dichter Rodolfo, der übrigens gegenüber Puccini mit Marcello das Rollenfach gewechselt hat: Bariton und nicht Tenor singt. Auch Musetta, die vom Koloratursopran zum Mezzo geworden ist, trägt bei Leoncavallo ihre

Kanzone »Mimì Pinson, la biondetta« in wörtlicher Übertragung eines Gedichts von Alfred de Musset vor. Zu zahllosen Zitaten und Anspielungen kommt bei Leoncavallo der gesellschaftliche Widerschein dieser Meta-Kunst-Ästhetik: In dem Maße, wie die Künstler sich durch ihre Artikulation hermetisch von der Bürgerwelt absondern, werden sie von dieser verfolgt. Der Schluss des Hofbildes lässt daran keinen Zweifel.

Bei Puccini ist die erstgenannte Tendenz bis auf winzige Elemente im Dialog unbedeutend, die zweite völlig getilgt: Das prekäre Verhältnis Künstler-Gesellschaft zeigt sich nur noch in der Hinsicht, dass die Bohémiens mit einzelnen Trotteln des Besitzbürgertums ihre Scherze treiben: auf deren Kosten in jeder Beziehung. Was also Murgers realistischen Roman noch heute zu einem Quellenwerk macht: die Präzisierung einer gesellschaftlichen Randgruppe im Juste-Milieu des Bürgerkönigs, hat in Leoncavallos Meta-Kunst deutliche Spuren hinterlassen. Puccini hat diese fast vollständig ausgeblendet. Er hielt sich im Gegensatz zu Leoncavallo bei seiner auch textlichen Bearbeitung des Stoffes an die zweite Begriffsdefinition der Bohème, die Murger seinem Roman vorangestellt hatte.

Danach gibt es neben der richtigen auch eine falsche Bohème: Das sind die von Walter Benjamin gemeinten Künstler, die das unbürgerliche Leben als Prinzip auffassen, während die anti-bürgerliche Attitüde für die wahren Bohémiens nur eine Art Jugendsünde sei, Zwischenstation auf dem Erfolgsweg zur gesellschaftlichen Integration. In dieser Hinsicht erscheint ganz im Gegensatz zu Benjamin die Bohème als leicht maskiertes Komplementärphänomen zu den angepassten Mittelschichten. Das ist eine Deutung, die Murger selbst als Doppelleben praktizierte, indem er sich auf der einen Seite von Eugène Pottier, dem Verfasser der kommunistischen *Internationale*, fördern ließ und gleichzeitig für die zaristische Geheimpolizei in Paris Agentenberichte über die Revolution von 1848 schrieb. Sein dichterisches Selbstporträt in den *Szenen aus dem Leben der Bohème* schimmert als Doppelspiel noch bei Puccini durch, wenn Rodolfo die mit leuchtenden Augen vor einer Schmuckauslage stehende Mimì auf das erhoffte Ableben seines Erbonkels vertröstet: Entweder ist er schamlos entschlossen, nichts Wertvolles in das Mädchen zu investieren, oder er ist wirklich der Bohémien im Zwischenstadium auf dem Wege zu bürgerlicher Wohlsituiertheit.

Zur operntypischen Doppelmoral des Bohémiens gehört – in der Beziehung entfernt Puccini sich weit von Murger – das Frauenbild. Wenn Rodolfo seine Nachbarin Mimì im ersten Bild als Silhouette im Mondlicht erblickt, erscheint sie ihm als verkörperte Poesie. Sie verliert die Körperlichkeit ihrer Konturen wie eine präraffaelitische Bildfigur – analog zu den literarischen Nachwirkungen der 1848 in London gegründeten Bruderschaft der präraffaelitischen Maler im Fin de siècle. Diese Scheinbilder entsprachen offenbar geheimen Wünschen, Männerphantasien, in denen die Frauen aussahen wie hauchzarte Gläser von Tiffany.

Nicht die Außenseiterin, die in der Gestalt Carmens 1875 als Ausdruck realer Sozialverhältnisse in die Oper eingebrochen war, erleben wir bei Puccini, sondern die Umfärbung der Femme fatale zur Femme fragile. Getrennt finden wir beide Typen etwa in Gabriele d'Annunzios 1888 erschienenem Erstlingsroman *Il piacere*. D'Annunzios Held Andrea Sperelli schwankt heillos zwischen beiden Frauentypen. Dagegen hat Puccini gemischte Frauenbilder in Musik gesetzt. Alle seine Märtyrerinnen ohne Religion weisen, wie es 1958 als erster Mosco Carner in seiner grundlegenden Biographie des Komponisten psychoanalytisch beschrieben hat, einen sozialen oder moralischen Defekt auf – im Fall der Nonne Angelica am sichtbarsten in Gestalt eines Kindes. Aber Puccini wäscht seine Frauen, die er am heftigsten liebt, wenn sie sterben, dramaturgisch und erst recht musikalisch rein. Er verwirklichte das, was Andrea Sperelli vorschwebte: die Verschmelzung der Femme fatale mit der Femme fragile zum Idealbild einer dritten Geliebten, der »terza amante ideale«. So wurde wirkungsgeschichtlich die divergierende Vielfalt des Bohème-Stoffs zu seinem Alleineigentum.

Ich habe bereits erwähnt, dass mit Bizets *Carmen* eine Art Revolution im Musiktheater stattgefunden hatte: Da war erstmals in der Geschichte der Gattung eine Frau erschienen, die für sich das Recht der freien Partnerwahl in Anspruch nahm. Damit war Bizet, der seine Figur gegenüber Prosper Mérimées Erzählung stark idealisiert hatte, der Gesellschaft und seinen Kollegen vorausgeeilt. Die interessierte fortan nämlich weniger der über das Sexualleben hinausgehende Aspekt weiblicher Selbstbestimmung, sie förderten vielmehr die Männerängste mit dämonischen Frauenbildern der Femme fatale. Die Priesterin Dalila als Verführerin des Samson bei Saint-Saëns; die Venusdienerin Thaïs bei Massenet, die scheinbar vom Mönch Athanaël zu christlicher Enthaltsamkeit bekehrt wird, in der Wirklichkeit der Musik aber den Mann bis zur Obsession erotisch gefangen nimmt; die Salome bei Oscar Wilde und Richard Strauss, die ihre kindfraulichen Gelüste am abgeschlagenen Haupt des Propheten Jochanaan befriedigt; die Lulu bei Frank Wedekind und Alban Berg, der die Männer serienweise verfallen: Das sind einige Hauptstationen in der musiktheatralischen Entwicklung dieses Frauenbildes.

Solchen Männerphantasien, in denen die Frau, das unbekannte Wesen, dämonisiert wird, damit man ihrer Realität nicht gerecht zu werden braucht, setzt Puccini eine andere Scheinwelt entgegen: Er lässt den Frauen in der *Bohème* zwar den Abglanz der Femme fatale – die Promiskuität von Mimì und besonders Musetta scheint noch durch –, aber dieser Abglanz wird zunehmend zu einem Heiligenschein, einer weltlichen Märtyrerinnenkrone mythisiert. Die Frau erscheint auf der Bühne nicht als soziales Wesen, sondern als eine auf die Selbstaussprache im Gefühl jeder Wirklichkeit enthobene Kunstprojektion. In ihr werden Wunschbilder des erfüllten Augenblicks wahr, die uns dem schlechten Bestehenden entrücken. Das mag man mit der Marx-Formel als Opium für das Volk abtun, als Religionsersatz in einer Zeit der Götterferne. Aber wer hindert uns daran, in den Wunschbildern dieser Männerphantasien die Defizite unserer Realität zu erspüren? Solange die Oper uns solche Anlässe zur Selbsterkundung gibt, ist sie eine höchst lebendige Kunstform. Kaurismäkis Maler sollte schleunigst das Angebot akzeptieren und mit den zwei Opernkarten in *La Bohème* gehen.

SUSAN SONTAG
Krankheit als Metapher

Zwei Krankheiten sind in spektakulärer und ähnlicher Weise mit Metaphern befrachtet worden: Tuberkulose und Krebs.

Die im letzten Jahrhundert von Tb, heute von Krebs ausgelösten Phantasien sind Reaktionen auf eine Krankheit, die als unheilbar und launisch gilt – d. h. auf eine Krankheit, die unverstanden ist in einer Zeit, in der die Grundprämisse der Medizin lautet, daß alle Krankheiten heilbar seien. Eine solche Krankheit ist per definitionem mysteriös. Solange ihre Ursache nicht verstanden wurde und ärztliche Maßnahmen derart wirkungslos blieben, galt Tb als heimtückischer, unerbittlicher Diebstahl des Lebens.

Obwohl die Art, wie Krankheit Mystifikationen schafft, vor einem neuen Erwartungshintergrund zu sehen ist, weckt die Krankheit selbst (damals Tb, heute Krebs) höchst altmodische Arten von Ängsten. […]

Schon dem bloßen Namen solcher Krankheiten wird magische Macht zugeschrieben. In Stendhals *Armance* (1827) weigert sich die Mutter des Helden, »Tuberkulose« zu sagen, weil sie fürchtet, allein das Aussprechen des Wortes könne den Gang der Krankheit ihres Sohnes beschleunigen. […]

Tb wird als Krankheit extremer Gegensätze aufgefaßt: fahle Blässe und plötzliches Erröten, Überaktivität, die mit Mattigkeit abwechselt. Der spasmodische Krankheitsverlauf wird durch das für prototypisch gehaltene Tb-Symptom, das Husten, illustriert. Der Leidende wird von Husten gebeutelt, dann sinkt er zurück, schöpft Atem, atmet normal; hustet erneut. […]

Tb macht den Körper transparent. Die Röntgenstrahlen, die das diagnostische Standardwerkzeug sind, erlauben einem oft zum ersten Mal, sein Inneres zu sehen – sich selbst transparent zu werden. Während Tb von früherer Zeit an als reich an sichtbaren Symptomen gilt (fortschreitende Abmagerung, Husten, Mattigkeit, Fieber) und sich plötzlich und in dramatischer Weise offenbaren kann (das Blut auf dem Taschentuch), gelten die Hauptsymptome von Krebs charakteristischerweise als unsichtbar – bis zum letzten Stadium, wo es zu spät ist. [...]

Von der Tb dachte man – denkt man immer noch –, daß sie euphorische Zustände, gesteigerten Appetit, verstärktes sexuelles Begehren auslöst. Tb zu haben stellte man sich als Aphrodisiakum vor, als eine Krankheit, die außerordentliche Verführungskräfte verleiht. Für Tb ist jedoch charakteristisch, daß viele ihrer Symptome trügerisch sind – Lebhaftigkeit, die von der Zerrüttung kommt, rosige Wangen, die wie ein Zeichen der Gesundheit aussehen, aber vom Fieber herrühren –, und eine Aufwallung von Vitalität kann ein Zeichen des nahenden Todes sein. [...]

Tb ist eine Krankheit der Zeit; sie beschleunigt das Leben, erfüllt es mit Höhepunkten, vergeistigt es. Auch im Englischen und Französischen »galoppiert« die Schwindsucht. Tb stellt man sich oft als eine Krankheit der Armut und der Entbehrung vor – dünne Kleidungsstücke, dünne Körper, ungeheizte Räume, ärmliche Hygiene und unangemessene Ernährung. Die Armut mag nicht so wörtlich zu verstehen sein wie Mimìs Dachstube in *La Bohème*; die tuberkulöse Marguerite Gautier in der *Kameliendame* lebt in Luxus, innerlich ist sie jedoch ein verwahrlostes Kind. [...]

Über hundert Jahre blieb Tb die bevorzugte Art, dem Tod eine Bedeutung zu verleihen – eine erbauliche, vornehme Krankheit. Die Literatur des 19. Jahrhunderts wimmelt von Beschreibungen nahezu symptomloser, furchtloser, glückseliger Tode infolge Tb, insbesondere von jungen Leuten wie etwa der kleinen Eva in *Onkel Toms Hütte*, Dombeys Sohn Paul in *Dombey and Son* und Smike in *Nicholas Nickleby*, wo Dickens die Tb als die »entsetzliche Krankheit« beschreibt, die den Tod »läutert« von »seinem gröberen Aspekt ...; bei der der Kampf zwischen Seele und Körper so allmählich, so ruhig und feierlich verläuft und das Ergebnis so sicher ist, daß der sterbliche Teil Tag um Tag und Körnchen um Körnchen schwindet und dahinwelkt, so daß der Geist leicht und lebhaft wird in dem Maße, wie seine Last leichter wird ...« [...]

An Tb Leidende mögen als leidenschaftlich dargestellt werden, doch mangelt es ihnen charakteristischerweise an Vitalität, an Lebenskraft. (Wie in der heutigen, zeitgemäßen Variante dieser Phantasie die Krebsanfälligen diejenigen sind, die nicht sinnlich genug sind oder nicht richtig mit ihrer Wut umgehen können.) So kommt es, daß die beiden bekanntermaßen ungerührten Beobachter, die Brüder Goncourt, anläßlich der Tb ihres Freundes Murger (Autor der *Scènes de la Vie de Bohème*) erklären: Er sterbe »aus Mangel an Vitalität, mit der man den Leiden widersteht«. Michael Furey war »sehr zart«, wie Gretta Conroy ihrem »stämmigen, reichlich großen«, virilen, plötzlich eifersüchtigen Ehemann erklärt. Tb wird als die Erkrankung der geborenen Opfer, sensibler passiver Menschen, gefeiert, die nicht lebenslustig genug sind, um zu überleben. (Was die sehnsuchtsvollen, aber nahezu schlaftrunkenen Schönheiten der präraffaelitischen Kunst andeuten, wird bei den ausgemergelten, hohläugigen, tuberkulösen Mädchen Edvard Munchs explizit.) Und während die Standarddarstellung eines Tb-Todes die Betonung auf die vervollkommnete Sublimierung des Gefühls legt, zeigt die häufig wiederkehrende Gestalt der tuberkulösen Dirne an, daß man von Tb auch annahm, sie mache die Leidenden sexuell anziehend.

Wie alle wirklich erfolgreichen Metaphern, so war die Tb Metapher reich genug, um für zwei gegensätzliche Anwendungen zu sorgen. Sie beschrieb den Tod von jemandem (etwa den Tod eines Kindes), der für zu »gut« gehalten wurde, um sexuell zu sein: die Verfechtung einer engelhaften Psyche. Zugleich war sie ein Mittel, sexuelle Gefühle zu beschreiben – während man den Libertinismus seiner Verantwortung enthob, da dieser ja einem Stadium objektiven physiologischen Verfalls oder physiologischer Auflösung angelastet wurde. Sie war gleichermaßen ein Mittel, Sinnlichkeit zu beschreiben und die Ansprüche der Leidenschaft zu befördern, wie ein Mittel, Unterdrückung zu beschreiben und die Forderungen der Sublimierung anzupreisen, die Krankheit, die zugleich eine »Benommenheit des Geistes« (Robert Louis Stevensons Worte) und ein Überströmen höherer Gefühle herbeiführte. Vor allem anderen war die Tb-Metapher ein Mittel, den Wert zu bestätigen, daß man bewußter, psychologisch komplexer ist. Die Gesundheit wird banal, sogar vulgär. [...]

Der Mythos Tb konstituiert die vorletzte Episode in der langen Laufbahn der alten Vorstellung von Melancholie – die, entsprechend der Theorie von den vier Körpersäften, die Krankheit des Künstlers war. Der melancholische Charakter – oder der tuberkulöse – war ein überlegener: empfindsam, schöpferisch, ein besonderes Wesen. Keats und Shelley mögen furchtbar unter dieser

Krankheit gelitten haben. Aber Shelley tröstete Keats, daß diese »Schwindsucht eine Krankheit (sei), die Menschen besonders gern hat, die so gute Verse schreiben, wie Du es getan hast ...«. So gut eingeführt war das Klischee, das Tb und Kreativität verknüpfte, daß am Ende dieses Jahrhunderts ein Kritiker auf den Gedanken kam, es sei das zunehmende Verschwinden der Tb, das für den derzeitigen Niedergang der Literatur und bildenden Künste verantwortlich zu machen sei.

Der Mythos Tb sorgte jedoch für mehr als einen Nachweis der Kreativität. Er lieferte ein wichtiges Modell für das Bohèmeleben, das mit oder ohne Berufung zum Künstler gelebt wurde. Der Tb-Leidende war ein Dropout, ein Wanderer auf der nimmer endenden Suche nach dem gesunden Ort. Seit dem frühen 19. Jahrhundert wurde Tb ein neuer Grund für Exil, für ein Leben, das hauptsächlich aus Reisen bestand. [...]

Sosehr man die Tb auch der Armut und den ungesunden Lebensumständen anlastete, man nahm doch immer noch an, daß eine gewisse innere Disposition vonnöten sei, um sich diese Krankheit zuzuziehen. Ärzte und medizinische Laien glaubten an einen Tb-Charakter – wie heute der Glaube an einen krebsanfälligen Charaktertyp nicht etwa auf die Hinterhöfe des volkstümlichen Aberglaubens beschränkt ist, sondern als fortschrittlichstes medizinisches Denken gilt. Im Gegensatz zum modernen Schreckgespenst des krebsanfälligen Charakters – jemand, der gefühlsarm, gehemmt, unterdrückt ist – war der Tbanfällige Charakter, der in den Köpfen des 19. Jahrhunderts herumspukte, ein Amalgam zweier unterschiedlicher Phantasien: jemand, der zugleich leidenschaftlich und unterdrückt war. [...]

Wenn der Gefühlsüberschwang dann als etwas Positives angesehen wird, wird er nicht länger – zu seiner Verunglimpfung – mit einer schrecklichen Krankheit verglichen. Statt dessen wird Krankheit als Vehikel exzessiven Empfindens betrachtet. Tb ist die Krankheit, die ein intensives Verlangen manifest macht, die, dem Widerstreben des Individuums zum Trotz, an den Tag bringt, was das Individuum nicht zu enthüllen wünscht. Der Gegensatz liegt nicht länger zwischen gemäßigten Empfindungen und überschwenglichen, sondern zwischen versteckten Leidenschaften und solchen, die offen gezeigt werden. Die Krankheit enthüllt Wünsche, deren der Patient sich möglicherweise nicht bewußt war. Krankheiten – und Patienten – werden zum Gegenstand des Entschlüsselns. Und diese verborgenen Leidenschaften werden nun als Krankheitsquellen angesehen. »Wer begehrt, aber nicht handelt, gebiert Pest«, schrieb Blake: eines seiner aufsässigen *Proverbs of Hell.*

SUSANNE SCHRÖTER

Rebellion als Lebensstil und Initiationserlebnis

Als Giacomo Puccini 1896 in Turin seine Oper *La Bohème* aufführte, inszenierte er ein Lebensgefühl, das Jugendliche bis heute als Rebellion gegen das Establishment stilisieren. Die vier jungen Männer, die im Mittelpunkt des Geschehens stehen, nehmen sich die Freiheit, auf geregelte Arbeit zu verzichten und stattdessen für ihre Passionen zu leben: Marcello versucht sich in der Malerei, Schaunard in der Musik, Rodolfo in der Dichtkunst und der etwas blass geratene Colline befasst sich mit Runengrammatik und anderen abseitigen Feldern der Wissenschaft. Erfolg ist keinem von ihnen beschieden, und so ist die Armut ihre ständige Begleiterin. Sie frieren, hungern und sehen sich immer wieder aufs Neue davon bedroht, das bescheidene Dach über dem Kopf wegen fehlender Mietzahlungen zu verlieren. Ein Überleben ist nur mit List und kleinen Tricks möglich, humorigen Gaunereien, die ihre demonstrative Antibürgerlichkeit mit einem kleinen Schuss Subversion würzen.

Zwei Szenen machen dies deutlich: Als Benoît, Marcellos Wirt, von diesem den ausstehenden Mietzins verlangt, laden die vier ihn scheinheilig zum Trinken ein und verstehen es, das Thema Geld geschickt zu umschiffen. Stattdessen bringen sie den immer betrunkener werdenden Hausbesitzer dazu, mit seinen außerehelichen Abenteuern zu prahlen, um ihn kurz darauf, mit gespielter Empörung über seine schmutzigen Begierden, der Stube zu verweisen. Mit dem Wissen um Benoîts Untreue hat Marcello ihn in der Hand und das Quartal ist sozusagen bezahlt.

Die zweite Szene, in der finanzielle Probleme die Freunde in ernste Schwierigkeiten zu bringen drohen, wird nicht weniger unorthodox gelöst. Sie befinden sich in einem Café im Quartier Latin und bestellen üppige Gerichte und erlesene Getränke wie wohlhabende Herren. Langusten, Hirschbraten und Truthahn werden aufgefahren, dazu genießt man Weine und Likör. Als es daran geht, die Zeche zu begleichen, stellt sich heraus, dass niemand Geld hat. Glücklicherweise ist Musetta in der Nähe, eine junge Dame der Halbwelt, die einst mit Marcello liiert war und diesen noch immer liebt. Musetta ist in Begleitung eines älteren Herren, den sie schikaniert und demütigt, der ihr aber trotzdem verfallen scheint. Unter einem Vorwand schickt sie ihn weg, um ihm in seiner Abwesenheit die Kosten der fidelen Bohémiens mit auf die Rechnung setzen zu lassen. Dann verschwindet sie mit diesen.

Die eigentümliche Mischung aus Elend und angenehmstem Lotterleben gehört untrennbar zur Selbstinszenierung von Bohémiens und anderen Mitgliedern spätadoleszenter Subkulturen bis in die heutige Zeit hinein. Weil sie kein Brennholz besitzen und es in ihrer Dachkammer so bitterkalt ist, verheizt Rodolfo im ersten Akt seine Manuskripte und gibt ein Bild tiefster Verelendung ab. Kurze Zeit später jedoch wendet sich das Blatt. Schaunard betritt den Raum und mit ihm zwei Laufburschen, die Zigarren, Wein, Pasteten und andere Leckereien hereintragen. Ein gut entlohnter Dreitagejob hatte ihn in die Lage versetzt, die Köstlichkeiten zu erwerben. Bourgeoise Genüsse, so erfahren wir, wechseln bei Bohémiens mit absolutem Mangel, und Völlereien kontrastieren mit Entbehrungen. Eigentlich ist der Bohémien ein Genussmensch, einer, der seine Zeit im Caféhaus verbringt, die

Muße pflegt und seinen Geist mit ausgesuchten Alkoholika oder anderen Drogen entspannt. Der Bordeaux, den Schaunard gekauft hat, ist ein Symbol für diesen Hang zum guten Leben.

In gewissem Sinn erweisen sich die lebensfrohen Antihelden Puccinis hier als unmittelbare Nachfolger der adligen Libertins, deren Zeit mit der Französischen Revolution abgelaufen war. Sie hatten, bis zu ihrer endgültigen Entmachtung durch das aufstrebende Bürgertum, den Topos des Grenzüberschreitenden und Provokativen, des sexuell Ungebundenen und geistig Aufrührerischen verkörpert und die moralischen Gesetze der feudalen Ordnung immer wieder durch ungebührlichste Handlungen erschüttert. Adlige Damen gingen in Männerkleidung nächtens ihren erotischen Abenteuern nach, und die Herren pflegten den sexuellen Verkehr mit Knaben ebenso wie mit den Töchtern des Dienstpersonals. Die wild gewordenen Mitglieder des höchsten Standes urinierten in Kirchen, lasen Teufelsmessen und produzierten ein eigenes literarisches Genre, das sich der detaillierten Schilderung erotischer Vergnügungen widmete. Der wohl bekannteste Vertreter dieser Literaten, dessen Werk durch die penible und geradezu buchhalterisch genaue Aneinanderreihung aller nur möglichen Tabubrüche besticht, war Donatien Alphonse François Marquis de Sade, der mit seiner Romanfigur der Juliette eine der extremsten Phantasiegestalten einer weiblichen Freiheitsliebenden erschaffen hat. Allein, die Rebellion der Libertins konnte im besten Fall ein Sturm im Wasserglas sein, gehörten doch die Rebellen gegen die herrschende Ordnung eben dieser Ordnung selbst an.

Der Bohémien dagegen war tendenziell ein Außenseiter. Ihm fehlte idealiter das sichere finanzielle Polster der

Libertins ebenso wie die gesellschaftliche Einbettung in eine Ständegesellschaft. Nicht immer allerdings resultierte das materielle Elend aus der ärmlichen Herkunft. Manch ein verarmter Künstler entstammte einem wohlhabenden Elternhaus und kehrte, nachdem er seinen schöngeistigen Ambitionen einige Jahre gefrönt hatte, wieder in den Schoß des Bürgertums zurück. Andere wurden mit ihrer Kunst erfolgreich oder verfielen in reiferen Jahren auf eine gewinnbringendere Profession.

Dieser Umstand bringt das Phänomen der Bohème in die Nähe eines anderen, das der Ethnologe Max Gluckman einst »Rituale der Rebellion« nannte. Er meinte damit das zeremonielle Durchbrechen gesellschaftlicher Regeln, die einem Teil der Bevölkerung zu einer bestimmten Zeit erlaubt wird. Untergebene dürfen den König beleidigen, Frauen verhöhnen die Männer, und ein neuer Häuptling wird von seinen Untertanen wie ein Aussätziger behandelt. Gluckman hatte seine Beispiele aus dem südlichen Afrika gewählt und die These aufgestellt, dass durch die erlaubte Überschreitung tabuisierter Grenzen ein karthartischer Effekt erzielt werde, der Mitglieder unterprivilegierter Gruppen danach umso besser in das Gefüge der Macht eingliedere. Ein Schüler Gluckmans, Victor Turner, hatte diese Theorie mit einem entwicklungspsychologischen Modell verknüpft, das der Soziologe Arnold van Gennep Anfang des 20. Jahrhunderts entworfen hatte. Van Gennep war überzeugt, dass Menschen in so genannten »Übergangsituationen« Rituale brauchen, um von einer Phase ihrer Existenz in eine andere zu wechseln. Neuansiedlungen sind solche Übergänge, aber auch Hochzeiten, Geburten und das Erwachsenwerden von Jugendlichen. Den Übergang nannte Turner »liminale Phase« und sah ihn als eine Zeit, in der

Regeln und Werte außer Kraft gesetzt werden und die Welt auf dem Kopf steht.

In den meisten nichtindustrialisierten Gesellschaften existieren spezielle Rituale, die es Jugendlichen ermöglichen, die Transition zum Erwachsenen so zu bewältigen, dass aus ihnen gut integrierte Erwachsene werden. Vielerorts fasst man die Initianden zu diesem Zweck in einer Gruppe zusammen und gestattet ihnen besondere Freiheiten. Bei den ostafrikanischen Massai zum Beispiel ziehen die Moran, die unverheirateten jungen Männer, für eine Zeit lang in den Busch, wo sie sozusagen »wild« werden. Die Zwänge ihrer Gesellschaft besitzen für die Zeit ihrer Seklusion keine Gültigkeit. Sie leben ein freies, aufregendes Leben als Krieger, Jäger und Viehdiebe, und sie verführen mit großer Freude die jungen Ehefrauen respektabler Dorfältester. Am Ende der Initiation, wenn sie zurückkehren, schneidet man ihnen die langen, rot gefärbten Haare, Zeichen ihres Kriegerstatus, ab und verheiratet sie. Der Ernst des Leben hat begonnen.

Das wilde, ungezügelte Leben und die Privilegien der Jugend, sexuelle Promiskuität, Respektlosigkeit und die Befreiung vom Joch täglicher Arbeit enden abrupt. Die Initiation ist nur eine Phase, und niemand würde erwarten, dass man sie beliebig ausdehnen kann. Die hitzköpfigen Moran verwandeln sich in gesetzte Familienväter wie die Jugendlichen anderer Hirten- und Bauernvölker auch.

LINKS: JUGENDLICHER MORAN
RECHTS: JUNGER MANN AM TRESEN
EINES NACHTCLUBS, LONDON 1978

Sie mögen wehmütig auf die Vergangenheit blicken, doch sie werden niemals versuchen, so zu tun, als ob sie noch immer ungebunden und frei wären. Sie sind sich bewusst, dass sie das Zentrum der Gesellschaft darstellen, und würden es als absurd erachten, gegen dieses Zentrum zu rebellieren.

Diese Haltung, das Sich-Einfügen in die kulturell definierten Abschnitte des Lebens und die Übernahme gesellschaftlicher Verantwortung, hat die Menschheit die längste Zeit ihres Bestehens begleitet. Sie wurde erst dann in Frage gestellt, als es nicht mehr notwendig war, dass jeder sich mit der Kraft seiner eigenen Hände ernährte, als, mit fortschreitender Stratifizierung und der Konsolidierung von Herrschaft, ein Teil der Bevölkerung von der täglichen Sorge um das Überleben befreit war. Feudale Herrschaftssysteme schufen Freiräume für Angehörige der oberen Schichten, die diese mit Müßiggang und der Entwicklung von Freizeitbeschäftigungen ausfüllten. An den Höfen entstanden die schönen Künste ebenso wie ein Lebensstil, der vom Streben nach Differenz geprägt war. Man suchte sich zu unterscheiden, nicht nur vom einfachen Volk, sondern auch innerhalb der eigenen Klasse. Moden entstanden, und Individualität bekam einen Wert. Ruchlosigkeiten konnten einem Fürsten zu besonderem Ruhm verhelfen wie praktizierte

Tugend, Intrigantentum und Skrupellosigkeit ebenso wie Sanftmut und christliche Nächstenliebe. Die Geschichte ist voll von den Exzessen der herrschenden Geschlechter, nicht nur in Europa, sondern gleichermaßen in Asien, im Nahen Osten und im südlichen Amerika.

Übergangsrituale existierten im feudalen Adel nicht, sieht man einmal von einer Phase klösterlicher Unterweisung ab, die vor allem Mädchen traf. Das Übermaß der Macht und die Ausbeutung der Bauern schufen die Basis, um die Kultivierung juveniler Wildheiten während des gesamten Lebens beizubehalten. Sexuelle Übergriffe auf Abhängige waren an der Tagesordnung, und manches Mitglied des Adels schrieb sich durch das Exerzieren ausgesuchter Grausamkeiten sogar bis in das Gedächtnis der Nachwelt ein.

Ein expliziter Lebensstil sollte daraus aber erst zum Ende der feudalen Epoche werden, als neue Kräfte am Horizont der Geschichte erschienen und ein an Einfluss und Reichtum zunehmendes Bürgertum in den expandierenden urbanen Zentren sich anschickte, die politische Macht zu übernehmen. Der Libertin war eine Antwort auf die Forderung nach Liberté. Verhaftet in den Privilegien seines Standes, brüskierte er diesen gleichzeitig und formierte sich zu einer ständischen Subkultur, die nicht unwesentlich zur Erosion dieses Standes beitrug. Ein Zwitterwesen der Zeitgeschichte, das mit seinen exzessiven Handlungen einerseits auf die unbeschränkte Macht der feudalen Oberschicht pochte, durch die Betonung des freien Geistes andererseits aber ein politisches Risiko darstellte. Ein gutes Beispiel dafür ist der bereits erwähnte Marquis de Sade, der mit den Republikanern sympathisierte und für die Abschaffung des Privateigentums argumentierte, seine eigenen Ländereien und Anwesen aber davon ausgenommen wissen wollte. De Sade verfasste glühende Traktate für die Emanzipation der Frau und nutzte im wirklichen Leben seine überlegene Macht, um Frauen seinen erotischen Perversionen zu unterwerfen.

Der Libertin wurde abgelöst durch den Bohémien und den Dandy, beides Figuren, die, wie der Libertin, mit Jugend assoziiert wurden, obgleich ihre Protagonisten nicht immer jung waren. Beide sind Rebellen gegen die herrschende Ordnung, wenn auch von recht unterschiedlicher Warte aus. Der Dandy, attraktiv und gut gekleidet, bekämpfte das bürgerliche Leben aus einer aristokratischen Perspektive. Britischen Ursprungs, gab er sich antidemokratisch und elitär. Geschäfte waren ihm ebenso verhasst wie die Ehe, und nicht selten gebärdete er sich als eingefleischter Frauenfeind. Obwohl er in der öffentlichen Meinung mit Homosexualität in Verbindung gebracht wurde, tolerierte man ihn mehr als den Bohémien, der aufgrund seiner sozialkritischen Grundhaltung eher umstürzlerischer Ambitionen verdächtigt wurde.

Schon der Begriff der Bohème enthält das Zeichen des Suspekten. Bohemia/Böhmen ist eine Provinz im heutigen Tschechien und gehörte bis 1918 dem von der habsburgischen Dynastie regierten Kaiserreich Österreich-Ungarn an. Im 15. Jahrhundert wanderten Zigeuner in Bohemia ein, die alsbald als Bohemianer bezeichnet wurden. Nach diesen Zigeunern benannte man später all diejenigen, die gegen die Prinzipien der bürgerlichen Gesellschaft opponierten und ein selbstbestimmtes, freies Leben suchten. Die Exotisierung des Zigeuners als ambivalente Figur, die sowohl im Positiven wie im Negativen für den gesellschaftlichen Outlaw an sich steht, entsprach die Selbststilisierung junger Künstler und Literaten im nachrevolutionären Paris, die sich keinerlei Zwängen zu beugen glaubten und die selbst die Armut noch glorifizierten.

Henri Murger popularisierte den Begriff des Bohémien im 19. Jahrhundert durch seinen Roman *Scènes de la Vie de Bohème*, der im Deutschen interessanterweise oft als »Zigeunerleben« übersetzt wurde. Autobiographisch gefärbt, ist es ein Bekenntnisroman, der, zunächst als Fortsetzungsgeschichte in einer Zeitschrift veröffentlicht, den spätadoleszenten Aufstand gegen die ältere Generation feiert. Die Helden des Quartier Latin sind jung, wild und respektlos, fast wie die Moran in Ostafrika oder Jugendliche in anderen indigenen Gesellschaften, die das Leben vor dem Eintritt ins Erwachsenendasein noch einmal aus vollen Zügen genießen. Ist *Scènes de la Vie de Bohème* eine Initiationsgeschichte? Ja und nein. Unbestritten sind die Protagonisten jugendliche Rebellen, die die Normen und Werte der Gesellschaft negieren. Anstatt einer geregelten Beschäftigung nachzugehen, sitzen sie in Cafés herum, statt sich mit einer Gewinn versprechenden bürgerlichen Laufbahn zu befassen, geben sie sich brotlosen Künsten hin. Sie sind weder fleißig noch sparsam, und obgleich ihre Geldbeutel leer sind, trinken sie Rheinwein und Bordeaux, rauchen Zigarren und füllen ihre Bäuche mit ausgesuchten Delikatessen. Sie leben von kleinen Betrügereien und Gelegenheitsaufträgen und hoffen insgeheim auf den großen Durchbruch als Künstler. Bei Gelingen wäre das Ende der Initiation erreicht, und der Außenseiter würde sich zum anerkannten Mitglied der bürgerlichen Gemeinschaft wandeln.

Murger selbst hat diese Transformation vollzogen. Ihm gelang der Aufstieg vom kleinen Schreiber zum bewunderten Literaten. Und auch Puccini ist ein Produkt einer bohemianischen Einweihung. Als Student am Mailänder

Konservatorium führte er das Leben eines Bohémien, doch bereits kurz nach seinem Abschluss konnte er große öffentliche Erfolge feiern.

So weit könnte man die Bohème mit gutem Recht als bürgerliches Initiationsmodell bezeichnen. Wären da nicht einige Einschränkungen. Anders als bei den Übergangsritualen indigener Gesellschaften war es nämlich keineswegs gesichert, ob der jugendliche Outlaw sich tatsächlich zum respektablen Bürger wandelte. Manch einer kam niemals heraus aus den ungeheizten Zimmern und fristete sein gesamtes Leben als armer Dichter oder verkannter Maler. Mit fortschreitendem Alter verliert so eine Existenz natürlich den Glamour, den Murgers und Puccinis Helden verbreiten, und eine ähnliche Geschichte über einen fünfzigjährigen Rodolfo und eine betagte Mimì wäre nur noch eine sozialkritische Tragödie.

Allein im Gewand des Revoluzzers, einer dem Bohémien verwandten historischen Gestalt, die im Verlauf des 19. Jahrhunderts immens an Bedeutung gewinnen sollte, konnte der Lebensstil des wilden Underdog zum nicht an Jugend gebundenen Muster für Freiheit werden. Caféhaus und Dachkammer, Wein und Armut erfuhren hier einen neue Romantisierung, die damit einherging, dass das Anliegen des Revolutionärs nicht die eigene Person, sondern die mögliche Transformation der ganzen Gesellschaft betraf. An Stelle des individuellen Übergangs in eine neue Lebensphase wurde der kollektive Übergang auf eine neue Entwicklungsstufe proklamiert. Dabei fungierte der Revolutionär sowohl als Initiand, der sich in unentwegten Diskussionen und Überprüfungen des eigenen Handelns dem Ideal des neuen Menschen anzunähern trachtete, als auch als Initiator, der die von ihm initiierten großen historischen Prozesse dirigierte und in eine bestimmte Richtung

LINKS: STUDENTENVERBINDUNG ARMINIA, MARBURG 1935
MITTE: MASKIERTE INITIANDEN DER POKOT OST-KENIAS
RECHTS: ANTIATOMKRAFT-DEMONSTRATION, BIBLIS 1978

lenkte. In der revolutionären Propaganda wurden kalte Kammern und leere Geldbeutel zu Insignien der revolutionären Klasse, die man als Ganzes zur Rebellion und Wildheit zu führen gedachte, um in einer gewaltigen Erhebung die Vertreter der herrschenden Ordnung nicht nur herauszufordern wie die Untertanen südafrikanischer Könige, die Max Gluckman beschrieb, sondern sie für alle Zeiten hinwegzufegen. Im Bewusstsein dieses Unterschiedes hatte Gluckman seine rituellen Rebellionen kategorisch von so genannten »wirklichen« Revolutionen industrieller Gesellschaften abzugrenzen gesucht. Indes, die saubere Trennung ist kaum mehr als eine Fiktion, denn einerseits endete vieles, was im zeremoniellen Rahmen begann, mit einer realen Erhebung, und andererseits war es den meisten hoffnungsvollen Revoluzzern, wie wir aus der Geschichte wissen, niemals vergönnt, die Massen tatsächlich zum Aufstand zu führen. Sie verbrachten ihr Leben im Caféhaus anstatt auf der Barrikade und wurden zu lebensläng-

lichen Bohémiens, wenn sie sich auch niemals als solche verstanden.

Eine andere Form der Konservierung romantisierter Jugendrevolte wurde von denen gepflegt, die kraft ihrer gesellschaftlichen Stellung seit langem im Zentrum des Establishments angekommen waren. Puccini selbst gehörte zu denen, die vom Ideal des wilden Jungen nicht lassen wollten, und hatte sich mit einigen Gleichgesinnten zu einem »Club Bohème« zusammengeschlossen, um den Traum von Rausch und Freiheit weiterzuspinnen.

Mit diesem leicht skurrilen Projekt hatte er eine Philosophie vorweggenommen, die erst in der zweiten Hälfte des 20. Jahrhunderts zur vollen Blüte kommen sollte: die des Berufsjugendtums, dessen Anhänger die lebenslange Opposition zur Gesellschaft für sich in Anspruch nahmen. Ob Kommunarden, Hippies oder Punks, autonome Straßenkämpfer oder tanzbesessene Raver – sie alle waren und sind der festen Auffassung, einen Lebensstil für sich entdeckt zu haben, den sie für immer beibehalten würden. Diejenigen, die die Reihen verlassen, weil sie ihr Studium abgeschlossen haben und eine akademische Karriere starten, weil sie eine Familie gründen oder sich ins Parlament wählen lassen, werden von den anderen mit Argwohn betrachtet. Sie gelten im besten Fall als Angepasste, die den hehren Idealen untreu geworden und jetzt verspießert sind, im schlimmsten als Verräter. Ganz sicher ist man sich, dass man niemals so werden möchte, sondern den eingeschlagenen Weg nicht verlässt: forever young und immer ein Rebell. Glücklich sind die, die jung sterben, durch das Übermaß an Drogen wie Janis Joplin und Jimi Hendrix, oder, heroischer, durch die Kugeln der Polizei, wie die zu Märtyrern verklärten Mitglieder bewaffneter Oppositionsgruppen. Sie entgehen dem Schicksal eines Joschka Fischer, der vom Street Fighter zum Außenminister mutierte und sich jetzt, in fortgeschrittenem Alter, dafür rechtfertigen muss, dass er nicht schon immer italienische Maßanzüge getragen hat.

Doch die Vertreter der reinen Lehre selbst entgehen nur selten dem Schicksal ihrer Vorgänger und müssen irgendwann feststellen, dass sie nur eine Phase durchlebt haben, deren Konservierung weder erstrebenswert noch möglich ist. In einer entritualisierten Gesellschaft, wie sie die westliche Industriegesellschaft darstellt, entwerfen Jugendliche intuitiv Initiationsmodelle, die ihnen den Übergang ins Erwachsenenleben erleichtern. Erstaunlicherweise ähneln diese Modelle denen indigener Völker, und sie betonen das Moment des Rebellischen und Zügellosen. Anders aber als die Novizen der Bauern und Hirten Afrikas, Asiens, Amerikas und Ozeaniens sind sich die westlichen Jugendlichen weder des rituellen noch des temporären Charakters ihrer Handlungen bewusst. Dieser Umstand produziert Frustrationen und unnötige Feindschaften. Dabei täte Gelassenheit Not. Wie uns die Biographien der einst aufmüpfigen 68er und 78er zeigen, kann das

Durchleben eines Prozesses von Opposition und Unangepasstheit Individuen und Gesellschaft enorm bereichern, hilft es doch, einer Erstarrung der Kultur und der Drosselung der kreativen Potentiale der Einzelnen vorzubeugen. Die künstliche Konservierung dieser Ideale allerdings und die Verhinderung persönlicher Entwicklung hin zum Erwachsenen erschaffen bestenfalls Absonderlichkeiten wie Puccinis »Club Bohème«. Erstrebenswert sind sie schon deshalb nicht, weil die Vision ewiger Jugendlichkeit längst von einer Allianz aus Kosmetikherstellern, Pharmakonzernen und plastischen Chirurgen vermarktet wird und ihr der Geruch der Rebellion gründlich abhanden gekommen ist.

PUCCINI FEIERT MIT FREUNDEN IN TORRE DEL LAGO DIE FERTIGSTELLUNG VON LA BOHÈME

Die »Statuten« des »Club Bohème« in Torre del Lago, dem neben Puccini unter anderen die Maler Francesco Fanelli, Ferruccio Pagni und Guido Mariotti angehörten.

1. Die Mitglieder des Bohème-Clubs, getreu dem Geiste, in dem er gegründet wurde, geloben einander unter Eid, es sich wohl sein zu lassen und besser zu essen.
2. Poker-Gesichter, Pedanten, schwache Mägen, Dummköpfe, Puritaner und andere Elende dieser Art sind nicht zugelassen und werden hinausgeworfen.
3. Der Präsident wirkt als Vermittler; er hindert jedoch den Schatzmeister, das Mitgliedsgeld einzusammeln.
4. Der Schatzmeister ist ermächtigt, sich mit dem Geld heimlich davonzumachen.
5. Die Beleuchtung des Lokals hat durch eine Petroleumlampe zu geschehen. Wenn das Brennmaterial fehlt, sind die Holzköpfe der Mitglieder zu nehmen.
6. Alle vom Gesetz erlaubten Spiele sind verboten.
7. Schweigen ist verboten.
8. Weisheit ist nicht erlaubt, außer in besonderen Fällen.

HENRI MURGER

Donec gratus

Wir haben erzählt, wie der Maler Marcel Musette kennengelernt hatte. Eines Morgens waren sie vereint worden durch Vermittlung der Laune, die zugleich Bürgermeister im 13. Arrondissement ist, und sie hatten geglaubt, wie das oft geschieht, sich unter dem Regime der Herzenstrennung zu verbinden. Eines Abends jedoch, als sie sich heftig gezankt und beschlossen hatten, sich sofort zu trennen, bemerkten sie, wie ihre Hände, die sich zum Abschied umschlossen, einander nicht mehr loslassen wollten. Ihnen selber unbewußt war ihre Laune zur Liebe geworden. Halb lachend gestanden sie es sich ein.

»Die Sache ist ernst«, sagte Marcel. »Wie, zum Teufel, haben wir das nur angefangen?«

»Oh«, erwiderte Musette, »wir sind halt ungeschickt, wir sind nicht vorsichtig genug gewesen.«

»Was ist denn los?« fragte Rodolphe, der Marcels Nachbar geworden war und gerade ins Zimmer trat.

»Was los ist?« erwiderte der Maler und deutete auf Musette. »Das Fräulein dort und ich, wir haben etwas Hübsches entdeckt. Wir sind verliebt. Es muß uns im Schlaf überfallen haben.«

»Oh, oh, im Schlaf? Das glaube ich nicht recht«, sagte Rodolphe. »Aber woraus schließt ihr, daß ihr euch liebt? Ihr übertreibt möglicherweise die Gefahr.«

»Zum Donnerwetter!« rief Marcel. »Wir können uns nicht leiden.«

»Und doch können wir nicht voneinander lassen«, fügte Musette hinzu.

»Dann, Herrschaften, ist die Sache sonnenklar. Ihr habt

HENRI MURGER, FOTO VON NADAR UM 1854

möglichst fein spielen wollen und habt alle beide verloren! Genauso ging's mir mit Mimi. Bald zwei Kalender lang liegen wir uns nun Tag und Nacht in den Haaren. Nach diesem System macht man Ehen ewig. Verbindet ein Ja mit einem Nein, und ihr bekommt einen Philemon-und-Baucis-Haushalt. Euer Verhältnis ist das Gegenstück zu meinem; und wenn Schaunard und Phemie ins Haus ziehen, wie sie es uns angedroht haben, so wird unser Haushaltstrio recht angenehm werden.«

In diesem Augenblick trat Gustave Colline ein. Es wurde ihm mitgeteilt, was Musette und Marcel zugestoßen war.

»Also, Philosoph«, sagte Rodolphe, »was hältst du von der Geschichte?«

Colline kratzte das Haar des Hutes, der ihm als Dach diente, und murmelte: »Ich habe es ja gleich gesagt: Die Liebe ist ein Hasardspiel. Wer sich daran reibt, der sticht sich. Es ist nicht gut, daß der Mensch allein sei.«

Als Rodolphe abends nach Hause kam, sagte er zu Mimi: »Ich bringe eine Neuigkeit mit. Musette ist sterblich in Marcel verliebt und will ihn nicht mehr verlassen.«

»Das arme Kind!« rief Mimi. »Sie hat einen so gesunden Appetit!«

»Und Marcel seinerseits ist böse in Musette verschossen. Er erhebt sie auf einen sechsunddreißigkarätigen Thron, wie Colline, der Intrigant, sich ausdrücken würde.«

CHRISTINE (MARIETTE) ROUX (1835-1860), DIE SÄNGERIN, DIE FÜR DIE FIGUR DER MUSETTE PATE STAND. FOTO VON NADAR UM 1855

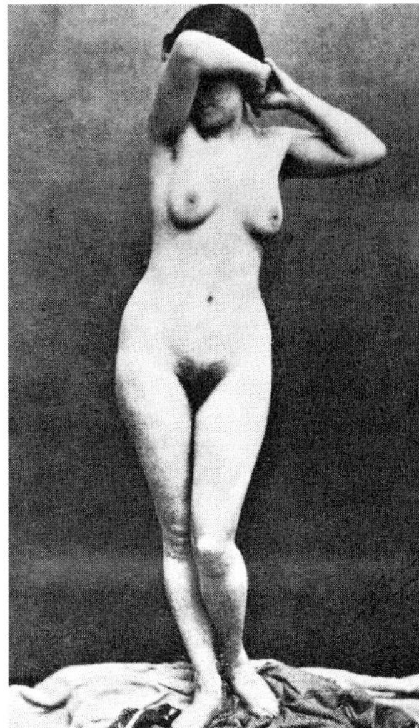

»Der arme Junge!« antwortete Mimi. »Er ist so eifersüchtig!«

»Allerdings«, sagte Rodolphe, »er und ich, wir sind Schüler Othellos.«

Einige Zeit danach schloß sich den Haushaltungen Rodolphes und Marcels der Haushalt Schaunards an; der Musiker zog mit Phemie Teinturiere ins Haus.

Von diesem Tage an schliefen alle Nachbarn auf einem Vulkan, und als die Miete fällig war, kündigten sie einmütig dem Hauswirt.

Wirklich gingen nur wenige Tage hin, ohne daß in einem der drei Hausstände ein Gewitter ausbrach. Häufig klärten sich Mimi und Rodolphe, wenn sie keine Kraft mehr zum Sprechen hatten, mit Hilfe irgendwelcher Wurfgeschosse auf, die ihnen gerade in die Hände fielen. Am häufigsten aber flüsterte Schaunard mit einem Spazierstock der melancholischen Phemie Bemerkungen zu. Die Diskussionen Marcels und Musettes freilich blieben in der Stille ihrer vier Wände; sie waren vorsichtig genug und schlossen Tür und Fenster.

Wenn jedoch zufällig einmal in allen Haushaltungen Frieden herrschte, so fielen die andern Mieter dieser flüchtigen Eintracht nicht weniger zum Opfer. Die indiskreten Zwischenwände ließen alle Geheimnisse der Bohèmehausstände durch und weihten sie in ihre Mysterien ein, ob sie wollten oder nicht. So war mehr als einem Nachbarn der Casus belli lieber als die Ratifikation der Friedensverträge.

In der Tat war das Dasein, das die Bohémiens seit einem halben Jahre führten, sonderbar genug. Ohne Emphase herrschte die loyalste Brüderlichkeit in diesem Kreis, wo alles allen gehörte und wo alles geteilt wurde, wie es kam, ob Glück oder Unglück.

In jedem Monat gab es bestimmte Tage des Glanzes, an denen niemand ohne Handschuhe auf die Straße gegangen wäre, Freudentage, an denen vom Morgen bis zum Abend gegessen wurde. Es gab indessen auch andere, an denen sie ohne Stiefel selbst zu Hofe gegangen wären, Fastentage, wo sie, nachdem sie nicht gemeinsam gefrühstückt hatten, auch nicht gemeinsam zu Mittag aßen; oder aber sie brachten es mit Hilfe wirtschaftlicher Kombinationen dahin, daß eine jener Mahlzeiten auf den Tisch kam, bei denen Teller und Gedecke »keine Rolle spielten«, wie Mimi zu sagen pflegte.

Aber wunderbar, in dieser Gesellschaft, zu der doch drei junge schöne Frauen gehörten, erhob sich nie die geringste Spur zu einer Uneinigkeit zwischen den Männern: Sie beugten oft vor der flüchtigsten Laune ihrer Geliebten das Knie, aber keiner von ihnen hätte auch nur einen Augenblick zwischen der Frau und dem Freunde gezögert.

Die Liebe entspringt vor allem der spontanen Eingebung – sie ist eine Improvisation. Die Freundschaft dagegen baut sich sozusagen auf – sie ist ein Gefühl, das mit Umsicht weiterschreitet; sie ist der Egoismus des Geistes, während die Liebe der Egoismus des Herzens ist. [...]

Tr!eb

DER MALER KISLING MIT EINEM UNBEKANNTEN MODEL

LINDY HUME

Über Nostalgie und Reue, La Bohème *und einen Walzer mit meiner Großmutter*

There is no such thing as forgetting. The secret inscriptions are waiting to be revealed when the obscuring daylight shall have withdrawn.
Thomas de Quincey

Youth is wasted on the young
George Bernard Shaw

In den vielen Stunden, die wir mit unserer schon sehr alten Großmutter verbrachten, war ihre zunehmende Vergesslichkeit wie ein offenes Fenster zu ihrer Seele. Erinnerungen an ihre Jugend waren Offenbarungen für mich, Spuren zu ihrem Leben, bevor sie Enkel hatte, zur Kindheit meiner Mutter. Ihr selbst erschienen diese Erinnerungen mal wundervoll, mal unangenehm, manchmal beides zugleich. Während sie sich nicht immer an meinen Namen erinnern konnte, wusste sie noch jede Zeile der Lieder aus Kriegszeiten auswendig, die sie früher einmal gesungen hatte. Schon immer liebte sie das Tanzen, und wenn sie Walzer tanzte – was nun einer Art Dahinschlurfen mit geschlossenen Augen glich –, konnte sie noch immer richtig sexy wirken. Selbst wenn sie mit einer Krankenschwester über den Linoleum-Boden ihres Pflegeheims tanzte, geriet ihr der Walzer zu einer großartigen Liebesgeschichte, auf ewig verbunden mit der besten Zeit ihres Lebens, als sie und ihr flotter österreichischer Liebhaber die Tanzfläche eines teuren Restaurants oder Ballsaales eroberten. Während sich nun ihre mittlerweile steifen Körper zärtlich zu der Musik bewegten, versuchte ich mir diese alten Leute vorzustellen, wie sie sich in ihren Strickjacken und bequemen Pantoffeln wohl selbst Walzer tanzend sahen: jung, schön, das Leben genießend, den Duft von Kölnisch Wasser am Hals des Liebhabers. Seltsam eigentlich, dass wir selbst unsere Jugend so sorglos erleben, nur um uns dann mit solcher Intensität an sie zu erinnern.

Das Noch-Einmal-Durchleben besonders kostbarer Augenblicke scheint eben diese Momente zu verzerren und zu verklären. Warum sind wir bei der Rückkehr an die Orte unserer Kindheit von dem Gefühl überrascht, alles sei geschrumpft und farbloser oder weniger Furcht einflößend als in unserer Erinnerung? Bierselige alte Männer tauschen beim Veteranen- oder Studententreffen unglaubliche Geschichten einer goldenen Ära legendärer Persönlichkeiten und aufregender, erlebnisreicher Abenteuer aus. »Das waren noch Zeiten ...«, schwärmen sie, und vergessen dabei, dass sie sich den größten Teil dieser Jahre den Rücken kaputt gearbeitet haben oder unter Armut und Kälte litten oder Langeweile und Schrecken ausstanden. Wenn wir nur die vorteilhaften Fotos aufheben, die schmerzvollen Liebesbriefe aber zerreißen und die großen Momente überbewerten – versuchen wir damit eine Auswahl zu treffen, woran wir uns später erinnern wollen? Ich denke, meine Großmutter tat genau das.

Unter Hunderten von Fotos kann ich nur ein einziges kleines finden, auf dem sie mit ihrem jüngsten Kind, John, zu sehen ist, dessen Leukämie-Tod im Alter von fünf Jahren sie zutiefst erschütterte; danach verließ sie ihren ersten Ehemann. Ich selbst weiß davon nur, weil meine Mutter es mir erzählt hat – meine Nanna sprach niemals von John. Sie hatte sich entschlossen, ihn zu ver-

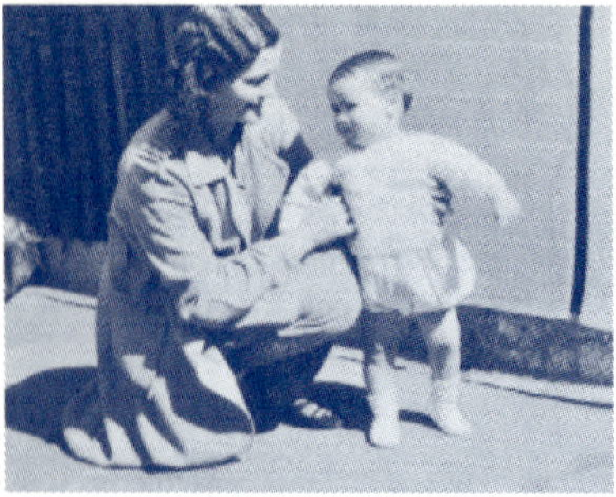

NANNA MIT IHREM JÜNGSTEN SOHN JOHN, DER IM ALTER VON FÜNF JAHREN STARB

gessen. Ein winziges Foto berichtet davon, dass ihr das nicht gelang.

Auf Fotografien aus den 40er, 50er und 60er Jahren schienen Nanna und all ihre Freunde ständig damit beschäftigt zu sein, sich herauszuputzen, Parties zu feiern und sich in Szene zu setzen. Auf jedem der Fotos sind sie gerade auf einem Ball, in einem Nachtclub, auf einer Skihütte oder im Tennisverein zu sehen, unentwegt rauchend, trinkend, lachend und für die Kamera posierend – mit einem verrückten Hut, in einer Maske, am Klavier. Auf einem (mittlerweile verlorenen) Foto erinnere ich mich an eine Art geliehenes Marie-Antoinette-Ensemble – gepuderte Perücke und Ballkleid aus Satin –, geradezu langweilig im Vergleich mit Nannas dramatischer Modernität, dem roten Lippenstift und dem Nagellack, der unerlässlichen Zigarette und jenem glamourösen In-die-Kamera-Lächeln. Ihr braun gebrannter und gut aussehender Begleiter grinst frech mit einer karierten Krawatte und einem lustigen Hut. Dies waren die Bilder aus ihrem Leben, die zu erinnern sie sich entschieden hatte.

Nanna war ein Entertainer. Beim Singen ihrer Lieblingslieder wie »By the Water of Minnetonka«, »Alleycat«, »Only make-believe«, und »Creole Love-Call« hätte sie sich selbst extravagant auf dem Klavier begleitet. Schmalzige Akkorde würden fallen, Hände über Kreuz, in saftigen Läufen die ganze Tastatur rauf und runter, mit einer schwungvollen Bewegung der rechten Hand am

DIE GROSSELTERN JOE UND EDITH BYRNE

Ende – in Erwartung des Applauses. Auch wenn die Musik kitschig war, stand Nannas Geschmack, was Kleidung, Schmuck und Einrichtung angeht, außer Frage – ihre stilvollen 50er-Jahre-Aschenbecher, ihr Esstisch und ihre Stühle zählen heute mit zu den coolsten Gegenständen in meinem Apartment in Melbourne. Als kleines Mädchen erstarrte ich in Ehrfurcht vor ihrer riesigen Garderobe und ihrer obsessiv etikettierten Schuhsammlung.

Ihr ganzes Leben hindurch hatte Nanna einen Ehemann oder einen Freund; sie liebte die Gesellschaft von Männern. In der Nähe eines Mannes erblühte sie förmlich, charmant, flirtend und verführerisch. Es gibt einige vergilbte Fotos von den zwei Ehemännern, Joe und George, aber sie werden zahlenmäßig weit übertroffen von Bildern eines Mannes, den wir als Onkel Henry kannten. Dieser gut aussehende, weltmännisch gekleidete österreichische Flüchtling besaß eine Großreinigung, wo sie während des Krieges arbeitete, und er war später über 30 Jahre lang Nannas Liebhaber und Reisegefährte. Trotz seines Rufs als Schwerenöter war niemals die Rede davon, dass er seine Ehefrau verlassen hatte, die Nanna einigermaßen gut kannte. Nach Onkel Henrys Tod wagte sich meine nach Männern süchtige Großmutter wild entschlossen in die beige, zwielichtige Welt der Tanzvergnügungen und Gartenfeste alter Leute auf der Suche nach einem neuen Tanz-Partner. Mit über Siebzig gab sie ihre Stadtwohnung auf und zog zu ihrem neuen Freund, einem wunderbaren Kerl aus dem Arbeitermilieu namens Tom. Tom liebte Terrier, das Gärtnern und Pferdewetten. Nachdem meine Nanna ein Leben lang mein Vorbild in Stilfragen gewesen war, wurde sie nun die Königin eines scheußlichen Backsteinhauses am Stadtrand, das angefüllt war mit Möbelschützern aus Plastik, Polyesterteppichen, Rüschen-Gardinen und einem braunen Vinyl-Sessel.

Musettas Walzerlied, ihr Partygirl-Glamour und ihr extrovertiertes Wesen, ihre Wandlungsfähigkeit und ihr völliges Vertrauen auf Männer erinnern mich unweigerlich an meine Großmutter. Auch in meiner Gefühls-Reaktion auf die Musik spüre ich eine impressionistische Nähe zu *La Bohème* im Widerstreit zwischen der Unmöglichkeit des Vergessens und der Sehnsucht nach Erinnerung und Nostalgie.

Das umfassende, zeitlose Charisma von *La Bohème* ist das umfassende zeitlose Charisma hochmütiger Jugend, unvollkommener Liebe, rücksichtslosen Verhaltens, dem Dazugehören zu einer schnellen, modischen Gang. *La Bohème* zelebriert – bewundert – jene berauschenden und eigentlich nur der Jugend gegebenen Illusionen des festen Vertrauens in die eigene Unsterblichkeit, spontaner Liebe oder künstlerischer Genialität. Wir, das abgestumpfte Publikum, erkennen diese Illusionen wehmütig als Rituale auf der Durchreise; wie der Verlust der Unschuld markiert das schmerzvolle Zerbrechen dieser großartigen verrückten Illusionen den unwiderruflichen Eintritt ins Erwachsenenleben. Können wir von uns sagen, dass wir

NANNA MIT IHRER BESTEN FREUNDIN

wirklich gelebt haben, bevor wir uns ver- und wieder entliebt haben, an gebrochenem Herzen litten, dem Tod einmal ins Auge gesehen haben, einmal völlig abgebrannt waren und Angst hatten vor der Zukunft? Die Begegnung mit *La Bohème* erlaubt uns, noch einmal unschuldig zu sein, optimistisch, ohne Zynismus – zumindest in den ersten beiden Akten. Nach der Pause folgt die Kunst dem Leben, wenn die jugendlichen Illusionen der Charaktere eine nach der anderen zertrümmert werden. Kein Wunder, dass wir weinen.

Genauso wie die Oper *La Bohème* das Jungsein zelebriert, scheint sie jene rückwärtsgewandte Qualität zu entfalten – wie aus der Erinnerung heraus und deshalb wie verbessert, redigiert, auf Technicolor gezogen, überlackiert durch die Perspektive eines (nicht länger jungen) Erinnernden. Erinnerung scheint dieses Werk zu bestimmen: euphorische Nostalgie in den ersten beiden Akten, melancholische Reue in den letzten beiden. Nostalgie und Reue: die Farben verbleichender Fotos, das Chiaroscuro der Seele. Die Bedeutung vergangener Momente im Rückblick ist allumfassend und brutal.

»Reue«, sagte ein ehemaliger australischer Premierminister einmal, »ist ein nutzloses Gefühl.« Vielleicht – aber

NANNA MIT IHREM FREUND ERIC (ONKEL HENRY) »AT THEIR GLAMOROUS BEST«

die Angst davor ist groß. Wir messen unser Scheitern wie unsere Erfolge am Ausmaß der Reue, die wir empfinden; die Lobeshymnen auf das Nichtbereuen von Edith Piaf oder Frank Sinatra bleiben uns im Halse stecken. Jahrzehnte vor ihnen verwendete Mimì jene sanfte Sprache (»Addio, senza rancor«), um ihre Furcht vor dem Bereuen auszudrücken, bevor sie dieselbe tief sitzende Angst später trotz ihrer körperlichen Schwäche verzweifelt durch Paris treibt, um sich mit ihrem Ex-Liebhaber auszusöhnen und bei ihm zu sterben. Es ist die tiefste, würdevollste Handlung in der Oper. Rodolfo und die anderen bleiben zurück, um ihren Weg nach Mimìs Tod zu finden, um mit den ungelösten Gefühlen zu leben, die sich durch die Zeit verwandeln werden – durch jenen geheimnisvollen, unbewussten Vorgang der Seele hin zu Reue und Nostalgie.

JOHANNES R. BECHER

Café Stefanie 1912

In München war's, im Café Stefanie,
Als ich dir, Emmi, die Gedichte sagte,
Die ich allein dir nur zu sagen wagte,
Und häufig kam das Wort vor: »Irgendwie«.

Am Tisch daneben spielte Mühsam Schach,
Und Frank saß einem Geldmann auf der Lauer.
(Vielleicht saß der indes im Café Bauer?)
Ein Denker hielt mit Kokain sich wach.

Franz Jung erschien mit seiner Tänzerin,
Und Bing, der Zeichner, ließ das Billard fahren,
Denn Däubler nahte sich mit Bauch und Bart ...

Ihr Freunde, die ihr gute Freunde wart,
Ich schreib euch dies zum Angedenken hin
An jene Zeit, da wir noch Kinder waren.

(1938)

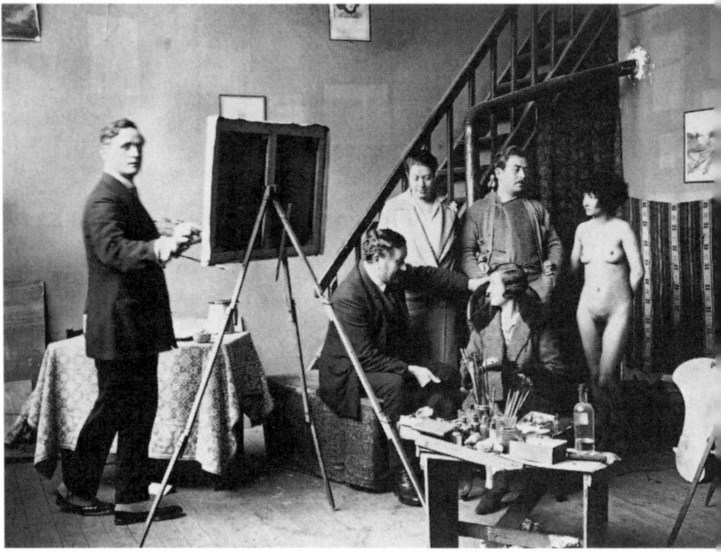

PARISER ATELIER UM 1925

LA BOHÈME

Szenen aus Henri Murgers *La Vie de Bohème*
in vier Bildern von Giuseppe Giacosa
und Luigi Illica
Musik von Giacomo Puccini

Textbuch

Wörtliche deutsche Übersetzung
von Henning Mehnert

GIACOMO PUCCINI MIT SEINEN LIBRETTISTEN GIUSEPPE GIACOSA UND LUIGI ILLICA

Aus dem Vorwort zu *La Vie de Bohème*

»… Regen oder Staub, Frost oder Hitze, nichts stört diese tapferen Abenteurer …

Tag für Tag ist ihre Existenz ein Geniestreich, ein tägliches Problem, dem sie stets mit Hilfe von kühnen Rechenkünsten beizukommen vermögen … Wenn die Not sie dazu zwingt, enthaltsam wie Anachoreten, – doch, wenn ein wenig Glück in ihre Hände fällt, dann reiten sie hoch im Sattel auf den phantastischsten Tollheiten dahin, lieben die schönsten und jüngsten Frauen, trinken die besten und ältesten Weine, und nie stehen ihnen die Fenster weit genug offen, um das Geld hinauszuwerfen; dann – wenn der letzte Heller tot und begraben ist – speisen sie noch immer vom runden Tisch des Zufalls, wo ihr Gedeck stets bereit liegt; Schwarzhändler aller Fertigkeiten, die mit der Kunst zusammenhängen, von morgens bis abends auf der Jagd nach dem wilden Tier, das da heißt: Gulden.

Die Bohème spricht ihre eigene Sprache, ihren Jargon … Ihr Wortbereich ist die Hölle der Rhetorik und das Paradies der Spracherneuerung …

Fröhliches, schreckliches Leben! …«

Henri Murger

Vorrede der Librettisten Giuseppe Giacosa und Luigi Illica

Die Autoren des vorliegenden Librettos ließen sich, anstatt Schritt für Schritt dem Buche Murgers zu folgen, – (auch aus Gründen der Bühnengerechtigkeit und vor allem der musikalischen Gegebenheiten) – von dessen eigentlichem Wesen inspirieren, wie es in diesem wunderbaren Vorwort enthalten ist.

Wenn sie die Charaktere der Personen getreulich nachzeichnen, wenn sie da und dort geradezu peinlich genau waren in der Wiedergabe gewisser Einzelheiten des Milieus, wenn sie in der szenischen Entwicklung sich an den Vorgang Murgers gehalten und das Libretto in »klar unterschiedene Bilder« unterteilt haben, so wollten sie doch in den dramatischen und komischen Episoden mit jener vollen Freiheit verfahren, die sie – ob mit Recht oder Unrecht – für nötig erachtet haben, um das vielleicht freieste aller Bücher der modernen Literatur auf die Bühne zu übertragen.

Jedoch wenn in diesem bizarren Buch die Charaktere der einzelnen Personen auch lebhaft, wahr und sehr klar gestaltet hervorspringen, geschieht es doch oft, daß ein und derselbe Charakter ver-

KARIKATUR VON PUCCINI MIT SEINEN BEIDEN LIBRETTISTEN GIACOSA UND ILLICA

schiedene Namen annimmt, sich gleichsam in zwei verschiedenen Personen verkörpert.

Wer könnte nicht die Profile Mimìs und Francines in das feinsinnige Profil einer einzelnen Frau verschmelzen? Wer, wenn er von den »Händchen« Mimìs liest, »weißer als die der Göttin des Müßiggangs«, würde nicht an Francinens Muff denken?

Die Autoren glaubten auf solche Identität der Charaktere Rücksicht nehmen zu müssen. Es schien ihnen, daß jene beiden lebhaften, zarten und unglücklichen Kreaturen in der Bühnenfassung der *Bohème* nur in einem einzigen Wesen zur Darstellung gelangen sollten, dem man sehr wohl anstelle der Namen Mimì und Francine einen neuen geben könnte: Ideal.

PERSONEN

Mimì	Sopran
Musetta	Sopran
Rodolfo, Dichter	Tenor
Marcello, Maler	Bariton
Schaunard, Musiker	Bariton
Colline, Philosoph	Bass
Parpignol, ein fliegender Händler	Tenor
Benoît, Hausherr	Bass
Alcindoro, Staatsrat	Bass
Sergeant der Zollwache	Bass
Ein Zöllner	Bass

Studenten, Näherinnen, Bürger, Verkäufer und Verkäuferinnen, fliegende Händler, Soldaten, Kaffeehauskellner, Knaben, Mädchen usw.

Ort und Zeit der Handlung: Paris, um 1830

[Die blauen Klammern markieren Textstellen, die im Ensemble gesungen werden und daher teilweise zeitgleich erklingen.

»Mimi war ein anmutiges Mädchen, das Rodolphes Idealen von plastischer Schönheit und Poesie besonders entsprach. Zweiundzwanzig Jahre alt; klein, zierlich ... Ihr Gesicht erschien wie der Entwurf zu einem aristokratischen Bildnis; ihre Züge waren von wunderbarer Feinheit ...

Das Blut der Jugend strömte warm und lebhaft in ihren Adern und färbte ihre durchsichtige Haut, die das samtige Weiß der Kamelie hatte, rosenfarben ...

Diese kränkliche Schönheit verführte Rodolphe ... Aber was ihn bei Fräulein Mimi noch liebestoller machte, das waren ihre kleinen Hände, die sie bei aller Hausarbeit weißer zu erhalten wußte als die der Göttin des Müßiggangs.«

Henri Murger

In der Dachstube
Breites Fenster, durch das man auf eine weite Fläche von schneebedeckten Dächern blickt. Links ein Kamin. Ein Tisch, ein Bett, ein kleiner Schrank, ein kleiner Bücherschrank, vier Stühle, eine Staffelei mit einer Leinwand und einer Skizze darauf, ein Schemel; verstreut herumliegende Bücher, viele Papierstöße, zwei Kerzenhalter. Ausgang in der Mitte, ein anderer links.

Rodolfo blickt gedankenversunken aus dem Fenster. Marcello arbeitet an seinem Gemälde ›Der Zug durch das Rote Meer‹ mit vor Kälte starren Händen, die er von Zeit zu Zeit anhaucht, um sie zu wärmen, wobei er wegen der großen Kälte oft seine Stellung wechselt.

MARCELLO *(im Sitzen und während er mit dem Malen fortfährt)*
Dieses Rote Meer durchweicht mich und macht mich frieren,
als ob es mir tropfenweise auf den Leib regnen würde.
(entfernt sich von der Staffelei, um sein Bild zu betrachten)
Um mich zu rächen, ertränke ich einen Pharao!

(wendet sich wieder seiner Arbeit zu – zu Rodolfo)
Was machst du?

RODOLFO *(wendet sich ein wenig um)*
In der grauen Himmelsweite
sehe ich den Rauch aus tausend
Pariser Schornsteinen,
(weist auf den feuerlosen Kamin)
und ich denke an jenen Faulenzer
von einem alten betrügerischen Kamin,
der wie ein großer Herr im Müßiggang lebt.

MARCELLO
Seine angemessenen Renditen
erhält er schon eine Zeitlang nicht mehr.

RODOLFO
Diese dummen Wälder,
was machen sie unter dem Schnee?

MARCELLO
Rodolfo, ich will dir einen meiner tiefsinnigen Gedanken sagen:
Ich friere wie ein Hund.

RODOLFO
(nähert sich Marcello)
Und ich, Marcello, verhehle dir nicht,
daß ich nicht glaube, daß der Schweiß von der Stirne rinnt.

MARCELLO
Meine Finger sind so gefroren,
als ob ich sie noch in jenes große Eisloch
getaucht hielte, das das Herz Musettas ist …
(Er stößt einen langen Seufzer aus und hört zu malen auf, während er Palette und Pinsel hinlegt.)

RODOLFO
Die Liebe ist ein Kamin, der zu viel vergeudet …

MARCELLO
… und sehr schnell!

RODOLFO
… wo der Mann das Reisigbündel ist …

MARCELLO
… und die Frau der Feuerbock …
RODOLFO
… das eine verbrennt im Nu …
MARCELLO
… und der andere sieht zu.
RODOLFO
Aber inzwischen wird es hier eiskalt …
MARCELLO
… und man stirbt vor Hunger! …
RODOLFO
Wir brauchen Feuer …
MARCELLO *(ergreift einen Stuhl und schickt sich an, ihn zu zerschlagen)*
Warte … wir opfern den Stuhl!
(Rodolfo verhindert energisch Marcellos Absicht. – Plötzlich stößt Rodolfo einen Schrei aus vor Freude über einen Gedanken, der ihm gekommen ist.)
RODOLFO
Heureka!
(Er läuft zum Tisch und nimmt eine umfängliche Kladde.)
MARCELLO
Hast du etwas gefunden?
RODOLFO
Ja, schärfe den Verstand.
Die geistige Produktion soll in Flammen aufgehen.
MARCELLO *(zeigt auf sein Gemälde)*
Verbrennen wir das Rote Meer?
RODOLFO
Nein. Es stinkt
die bemalte Leinwand. Mein Drama,
mein feuriges Drama soll uns wärmen.
MARCELLO *(mit komischem Erschrecken)*
Willst du es vielleicht vorlesen? Mir ist kalt.
RODOLFO
Nein, zu Asche zerfalle das Papier,

und die Eingebung fliege zu ihrem himmlischen Ursprung zurück.
(bedeutungsvoll)
Dem Jahrhundert droht großer Schaden …
Rom ist in Gefahr …

MARCELLO *(mit Übertreibung)*
Großmütiges Herz!

RODOLFO
(gibt Marcello einen Teil der Kladde)
Für dich der erste Akt.

MARCELLO
Her damit.

RODOLFO
Zerreiß ihn.

MARCELLO
Zünd ihn an.
(Rodolfo schlägt Feuer, zündet eine Kerze an und geht mit Marcello zum Kamin: Beide setzen jenen Teil der Kladde in Brand, der auf die Feuerstelle geworfen worden ist, dann nehmen sie sich beide einen Stuhl und setzen sich, um sich genüßlich zu wärmen.)

RODOLFO UND MARCELLO
Welch erfreulicher Schein!
(Krachend öffnet sich die Tür im Hintergrund, und Colline tritt herein, durchgefroren, starr vor Kälte, mit den Füßen stampfend; zornig wirft er ein Paket Bücher auf den Tisch, die mit einem Taschentuch zusammengebunden sind.)

COLLINE
Schon erscheinen die Zeichen der Apokalypse.
Am Heiligen Abend wird kein Pfandgut angenommen!
(hält überrascht inne, als er Feuer im Kamin sieht)
Eine Stichflamme!

RODOLFO *(zu Colline)*
Still, mein Drama wird gegeben.

MARCELLO
… ins Feuer.

COLLINE
Ich finde es blendend.
RODOLFO
Lebendig.
(Das Feuer wird kleiner.)
COLLINE
Aber von geringer Dauer.
RODOLFO
Die Kürze, ein großer Vorzug.
COLLINE
(zieht ihm den Stuhl weg)
Autor, für mich den Stuhl.
MARCELLO
Schnell. Diese Intermezzi sind sterbenslangweilig.
RODOLFO *(nimmt einen anderen Teil der Kladde)*
Zweiter Akt.
MARCELLO *(zu Colline)*
Mucksmäuschenstill.
(Rodolfo zerreißt einen Teil der Kladde und wirft ihn in den Kamin: Das Feuer flammt wieder auf. Colline rückt seinen Stuhl noch näher und wärmt sich die Hände. Rodolfo steht dicht bei den beiden mit dem Rest der Kladde.)
COLLINE
Ein tiefer Gedanke!
MARCELLO
Richtiges Kolorit!
RODOLFO
In jenem blauen ersterbenden Züngeln
löst sich eine brennende Liebesszene in Rauch auf.
COLLINE
Es knistert ein Blatt.
MARCELLO
Das waren Küsse!
RODOLFO
Jetzt will ich drei Akte auf einmal hören.
(wirft den Rest der Kladde ins Feuer)

COLLINE
So fügt sich der Kühnen Idee zum Ganzen.
ALLE
Schön in lustiger Flamme sich aufzulösen.
(Sie applaudieren enthusiastisch: Die Flamme wird einen Augenblick später kleiner.)
MARCELLO
O Gott ... schon wird die Flamme kleiner.
COLLINE
Welch seichtes, schwaches Drama!
MARCELLO
Schon knistert es, bekommt Falten und stirbt.
COLLINE UND MARCELLO *(Das Feuer ist erloschen.)*
Nieder, nieder mit dem Autor.
(Durch die mittlere Tür treten zwei Laufburschen ein, von denen der eine Essensvorräte, Weinflaschen, Zigarren trägt, der andere ein Holzbündel. Bei dem Geräusch wenden sich die drei vor dem Kamin Stehenden um, stürzen sich mit einem Schrei der Überraschung auf die von dem Laufburschen gebrachten Vorräte und stellen sie auf den Tisch. Colline nimmt das Holz und trägt es zum Kamin; es wird Abend.)
RODOLFO
Holz!
MARCELLO
Zigarren!
COLLINE
Bordeaux!
ALLE
Die Reichtümer eines Jahrmarktes
bestimmte uns das Schicksal.
(Die Laufburschen gehen ab.)
SCHAUNARD
(tritt mit triumphierender Miene durch die mittlere Tür ein und wirft einige Fünffrancsstücke auf den Boden)
Die Bank von Frankreich
kommt für euch aus dem Gleichgewicht.

COLLINE
(hebt die Fünffrancsstücke zusammen mit Rodolfo und Marcello auf)
Sammle sie ein, sammle sie ein!

MARCELLO *(ungläubig)*
Das sind ja Blechstücke! ...

SCHAUNARD *(zeigt ihm ein Fünffrancsstück)*
Bist du taub? ... Bist du kurzsichtig?
Wer ist dieser Mann?

RODOLFO *(verneigt sich)*
Louis-Philippe!
Ich verneige mich vor meinem König!

ALLE
Louis-Philippe liegt zu unseren Füßen.
(Sie legen die Fünffrancsstücke auf den Tisch. Schaunard möchte gern von seinem Glück berichten, aber die anderen hören ihm nicht zu; sie gehen sehr geschäftig hin und her und legen alle Sachen auf dem Tisch zurecht.)

SCHAUNARD
Jetzt werde ich es euch sagen: Dieses Gold oder besser Silber hat seine ehrliche Geschichte.

MARCELLO *(legt das Holz in den Kamin)*
Heizen wir wieder
den Kamin!

COLLINE
Er hat so viel Kälte gelitten.

SCHAUNARD
Ein Engländer ... ein Herr ... vielleicht Lord oder Milord
wollte einen Musiker ...

MARCELLO *(wirft Collines Bücherbündel vom Tisch herunter)*
Weg damit!
Decken wir den Tisch!

SCHAUNARD
Ich? Ich eile!

RODOLFO
Wo ist der Zunder?

COLLINE
Da.
MARCELLO
Her damit.
(Sie entzünden ein großes Feuer im Kamin.)
SCHAUNARD
Und ich stelle mich vor.
Er akzeptiert mich; ich frage ihn …
COLLINE *(ordnet die Eßwaren)*
Kalter Braten!
MARCELLO
(während Rodolfo die andere Kerze anzündet)
Süße Pastete!
SCHAUNARD
Wann sollen die Unterrichtsstunden beginnen? …
Er antwortet: »Wir beginnen gleich …
Du gucken!« (und einen Papagei zeigt er mir im ersten Stock),
dann fügt er hinzu: »Du willst spielen,
bis jener sterben!«
Und so war es:
Ich spielte drei lange Tage …
RODOLFO
Glänzend erstrahle der prächtige Saal!
MARCELLO *(stellt die zwei Kerzen auf den Tisch)*
Nun die Kerzen!
COLLINE
Süße Pastete!
SCHAUNARD
Dann nutzte ich den Zauber
meines schönen Aussehens …
Ich betörte das Hausmädchen …
MARCELLO
Essen wir ohne Tischtuch?
RODOLFO *(zieht aus der Tasche eine Zeitung hervor und faltet sie auseinander)*
Eine Idee …

COLLINE UND MARCELLO
Der *Constitutionnel*!
RODOLFO
Bestes Papier …
Man ißt und verschlingt ein Feuilleton!
SCHAUNARD
Ich verabreichte ihm Petersilie! …
Lorchen breitete die Flügel aus,
Lorchen öffnete den Schnabel,
und er starb wie Sokrates!
(Als er sieht, daß ihn niemand beachtet, packt er Colline, der mit einem Teller an ihm vorbeigeht.)
COLLINE
Wer?! …
SCHAUNARD *(schreit ärgerlich auf)*
Der Teufel soll euch alle holen!
(Dann, als er sie im Begriff sieht, die kalte Pastete zu essen.)
Was tut ihr denn da?
(Mit feierlicher Geste legt er seine Hand über die Pastete und hindert die Freunde daran, sie zu essen; dann nimmt er die Speisen vom Tisch und stellt sie in den kleinen Schrank.)
Nein! Diese Lebensmittel
sind der Proviant
für zukünftige
dunkle und düstere Tage. Zu Hause wollt ihr essen
am Heiligen Abend,
während das Quartier Latin seine Straßen
mit Würsten und Leckerbissen schmückt?
Wenn ein Duft von Pfannkuchen
die alten Straßen durchtränkt?
MARCELLO, SCHAUNARD UND COLLINE *(umgeben lachend Schaunard)*
Der Heilige Abend!
SCHAUNARD
Dort singen fröhlich die Mädchen,
und jede hat einen Studenten als Echo!

Etwas Religionsunterricht gefällig, meine Herren:
Man trinkt zu Hause, doch man speist auswärts.
(Rodolfo verschließt die Tür, dann stellen sich alle um den Tisch und schenken Wein ein. Es klopft an der Tür; sie halten überrascht inne.)

BENOÎT *(von draußen)*
Ist es gestattet?

MARCELLO
Wer ist da?

BENOÎT
Benoît!

MARCELLO
Der Hauswirt!
(Sie stellen die Gläser hin.)

SCHAUNARD
Haltet die Klappe.

COLLINE *(schreit)*
Es ist niemand da.

SCHAUNARD
Es ist geschlossen.

BENOÎT
Auf ein Wort.

SCHAUNARD *(Nachdem er sich mit den anderen beraten hat, geht er öffnen.)*
Nur ein einziges!

BENOÎT *(tritt lächelnd ein; sieht Marcello und sagt, während er ihm ein Papier zeigt)*
Die Miete!

MARCELLO
(empfängt ihn mit großer Herzlichkeit)
Hallo!
Bringt einen Stuhl.

RODOLFO
Schnell.

BENOÎT *(abwehrend)*
Es ist nicht nötig. Ich möchte …

SCHAUNARD
(bringt ihn mit sanfter Gewalt zum Sitzen)
Setzen Sie sich.
MARCELLO
Möchten Sie etwas trinken?
(Er gießt ihm Wein ein.)
BENOÎT
Danke.
RODOLFO UND COLLINE
Stoßen wir an.
(Alle trinken. Benoît, Rodolfo, Marcello und Schaunard sitzen, Colline steht. Benoît stellt das Glas hin und dreht sich zu Marcello um, um ihm das Papier zu zeigen.)
BENOÎT
Das hier
ist das letzte Quartal …
MARCELLO *(mit Unschuldsmiene)*
Das freut mich.
BENOÎT
Und deshalb …
SCHAUNARD *(unterbricht ihn)*
Noch einen Schluck.
(Er füllt wieder die Gläser.)
BENOÎT
Danke.
DIE VIER *(stoßen mit Benoît an)*
Auf Ihr Wohl!
(Sie setzen sich und trinken. Colline nimmt den Schemel neben der Staffelei und setzt sich ebenfalls.)
BENOÎT *(nimmt das Gespräch mit Marcello wieder auf)*
Ich komme damit zu Ihnen,
weil Sie mir im letzten Quartal
versprachen …
MARCELLO
Ich versprach es und halte mich nun daran.
(Er zeigt Benoît die Fünffrancsstücke auf dem Tisch.)

RODOLFO *(voller Entsetzen leise zu Marcello)*
Was tust du? …
SCHAUNARD *(wie oben)*
Bist du verrückt?
MARCELLO (*zu Benoît, ohne auf die beiden zu achten)*
Haben Sie gesehen? Jetzt kommen Sie,
bleiben Sie noch einen Augenblick in unserer Gesellschaft.
Sagen Sie: Wie alt sind Sie,
lieber Herr Benoît?
BENOÎT
Mein Alter? … Um Himmels willen!
RODOLFO
Ungefähr unser Alter.
BENOÎT *(protestiert)*
Viel, sehr viel älter.
(Während sie Benoît zum Schwatzen bringen, füllen sie ihm das Glas, kaum daß er es geleert hat.)
COLLINE
Er hat »so ungefähr« gesagt.
MARCELLO *(dämpft die Stimme und in listigem Ton)*
Neulich im Mabille …
BENOÎT *(unruhig)*
Was?! …
MARCELLO
Man hat Sie ertappt
bei sündiger Liebe.
BENOÎT
Mich?
MARCELLO
Du leugnest es.
BENOÎT
Ein Zufall.
MARCELLO *(ihm schmeichelnd)*
Schöne Frau!
BENOÎT *(halb beschwipst, in plötzlicher Bewegung)*
Ja sehr.

SCHAUNARD *(schlägt ihm auf die Schulter)*
Gauner!
COLLINE
Verführer!
(schlägt ihm auf die andere Schulter)
RODOLFO
Gauner!
MARCELLO *(preist ihn)*
Eine Eiche! … Ein As! Mit lockigem
rotblondem Haar.
RODOLFO
Der Mann hat guten Geschmack.
MARCELLO
Er stolzierte rüstig und mit stolz geschwellter Brust einher.
BENOÎT *(aufgeblasen)*
Ich bin alt, aber robust.
COLLINE, SCHAUNARD UND RODOLFO *(mit ironischem Ernst)*
Er stolzierte rüstig und mit stolz geschwellter Brust einher.
MARCELLO
Und ihm gab die weibliche Tugend nach.
BENOÎT *(voll Vertrauen)*
War ich auch schüchtern in der Jugend,
entschädige ich mich heute dafür … Es ist ein Zeitvertreib
irgendein lustiges Frauchen … und … ein wenig …
(Er zeichnet üppige Formen in die Luft.)
Ich meine keine Tonne
oder eine Weltkugel
oder ein Gesicht, rund
wie ein Vollmond, aber mager, geradezu mager, nein und
nochmals nein!
Die mageren Frauen sind ein Verdruß
und oft ein lästiges Geschäft …
und sind voller Beschwerden,
zum Beispiel … meine Frau …
*(Marcello schlägt mit der Faust auf den Tisch und steht auf;
die anderen tun es ihm gleich. Benoît betrachtet sie verblüfft.)*

MARCELLO *(kräftig)*
Dieser Mensch hat eine Ehefrau
und im Herzen hat er
schmutzige Begierden!
DIE ANDEREN
Schrecklich!
RODOLFO
Und er verseucht und verpestet
unser ehrbares Domizil!
DIE ANDEREN
Raus!
MARCELLO
Man muß die Bude ausräuchern.
COLLINE
Man verjage den Verdammten.
SCHAUNARD *(feierlich)*
Die beleidigte Moral verjagt euch!
BENOÎT *(vor Schreck erstarrt, versucht vergeblich zu sprechen)*
Ich seit ...
RODOLFO, COLLINE
(umgeben Benoît und drängen ihn zur Tür)
Still!
BENOÎT *(immer erschreckter)*
Meine Herren ...
ALLE
Still! ...
(Sie stoßen Benoît aus der Tür.)
Raus, mein Herr! Weg von hier!
(an der Tür, den Blick auf den Treppenabsatz gerichtet)
... und guten Abend, Euer Hochwohlgeboren.
(Sie kehren lachend zur Bühnenmitte zurück.)
Ha! Ha! Ha! Ha!
MARCELLO *(schließt die Tür)*
Ich habe das Quartal bezahlt.
SCHAUNARD
Im Quartier Latin erwartet uns Momus.

MARCELLO
Es lebe, wer einen ausgibt!
SCHAUNARD
Teilen wir die Beute!
(Man teilt die Fünffrancsstücke, die auf dem Tisch geblieben sind.)
RODOLFO UND SCHAUNARD
Teilen wir!
MARCELLO
(hält Colline einen zerbrochenen Spiegel hin)
Dort gibt es Schönheiten, die vom Himmel kommen.
Jetzt da du reich bist, achte auf den Anstand!
Bär, ordne dein Fell.
COLLINE
Ich werde zum ersten Mal
die Bekanntschaft eines Barbiers machen.
Führt mich zur lächerlichen
Schmach eines Rasiermessers.
MARCELLO, SCHAUNARD UND COLLINE
Gehen wir.
RODOLFO
Ich bleibe,
um den Leitartikel
für den »Castoro« zu beenden.
MARCELLO
Mach schnell.
RODOLFO
Fünf Minuten. Ich bin vom Fach.
COLLINE
Wir erwarten dich unten beim Portier.
MARCELLO
Wenn du dich verspätest, wirst du etwas zu hören bekommen.
RODOLFO
Fünf Minuten.
(Er nimmt ein Licht und öffnet die Tür. Marcello, Schaunard und Colline gehen hinaus und die Treppe hinab.)

SCHAUNARD *(im Hinausgehen)*
Stutze deinem »Biber«* den Schwanz!
MARCELLO *(von draußen)*
Achtung auf die Stufen. Halte dich
am Geländer fest.
RODOLFO *(auf dem Treppenabsatz, nahe bei der offenen Tür, hält das Licht hoch)*
Langsam!
COLLINE *(von draußen)*
Es ist stockfinster.
(Die Stimmen von Marcello, Schaunard und Colline klingen immer entfernter.)
SCHAUNARD
Verfluchter Portier!
(Lärm von jemandem, der hinunterpurzelt)
COLLINE
Verflucht!
RODOLFO *(an der Tür)*
Colline, bist du tot?
COLLINE *(entfernt vom Fuß der Treppe)*
Noch nicht!
MARCELLO *(noch weiter weg)*
Komm schnell!
(Rodolfo schließt die Tür, stellt das Licht ab, räumt eine Ecke des Tisches frei, deponiert dort Tintenfaß und Papier; dann setzt er sich hin und beginnt zu schreiben, nachdem er das andere noch brennende Licht gelöscht hat. Er unterbricht sich, denkt nach, macht sich wieder ans Schreiben, wird unruhig, zerreißt das Geschriebene und wirft die Feder weg.)
RODOLFO *(entmutigt)*
Ich bin nicht in Stimmung.
(Jemand klopft zaghaft an die Tür.)
Wer ist da?

*Wortspiel: Ital. *castoro* heißt ›Biber‹ und ist zugleich der Name der Zeitung, für die Rodolfo arbeitet.

MIMÌ *(von außen)*
Verzeihung.

RODOLFO *(erhebt sich)*
Eine Frau!

MIMÌ
Verzeihung, das Licht
ist mir ausgegangen.

RODOLFO *(läuft, um zu öffnen)*
Bin schon da.

MIMÌ *(an der Tür, mit einer erloschenen Kerze in der Hand und einem Schlüssel)* Würden Sie wohl …?

RODOLFO
Nehmen Sie einen Augenblick Platz.

MIMÌ
Das ist nicht nötig.

RODOLFO *(beharrlich)*
Ich bitte Sie, kommen Sie herein.
(Mimì tritt herein, aber plötzlich hat sie einen Erstickungsanfall.)

RODOLFO *(beflissen)*
Fühlen Sie sich nicht wohl?

MIMÌ
Nein … es ist nichts.

RODOLFO
Sie werden blaß!

MIMÌ *(vom Husten geschüttelt)*
Das Atmen … Diese Treppen …
(Sie wird ohnmächtig, und Rodolfo kommt gerade rechtzeitig, um sie zu stützen und auf einen Stuhl zu setzen, während aus Mimìs Händen Kerzenhalter und Schlüssel fallen.)

RODOLFO *(verlegen)*
Und wie verhalte ich mich jetzt? …
(Er holt Wasser und bespritzt damit Mimìs Gesicht.)
So!
(Betrachtet sie mit großer Anteilnahme.)
Wie krank sie aussieht!

(Mimì kommt wieder zu sich.)
Fühlen Sie sich besser?

MIMÌ *(mit schwacher Stimme)*
Ja.

RODOLFO
Hier ist es sehr kalt. Setzen Sie sich neben das Feuer.
(Mimì macht eine verneinende Geste.)
Warten Sie … ein bißchen Wein …

MIMÌ
Danke.

RODOLFO
(gibt ihr ein Glas und gießt ihr zu trinken ein)
Für Sie.

MIMÌ
Wenig, wenig.

RODOLFO
So?
Danke.
(Sie trinkt.)

RODOLFO *(bewundert sie)*
(Welch schönes Kind!)

MIMÌ *(erhebt sich und sucht ihren Kerzenhalter)*
Gestatten Sie nun,
daß ich das Licht anzünde. Es ist alles überstanden.

RODOLFO
Solche Eile?

MIMÌ
Ja.
(Rodolfo sieht am Boden den Kerzenhalter, hebt ihn auf, zündet ihn an und gibt ihn wortlos Mimì.)

MIMÌ
Danke. Guten Abend.
(Sie ist im Begriff zu gehen.)

RODOLFO *(begleitet sie zur Tür)*
Guten Abend.
(Er macht sich sofort wieder an die Arbeit.)

MIMÌ

(geht hinaus, dann erscheint sie wieder an der Tür, die offen bleibt)

O ich Kopflose!
Den Schlüssel des Zimmers,
wo habe ich ihn gelassen?

RODOLFO

Bleiben Sie nicht an der Tür; das Licht flackert im Wind.
(Mimìs Licht geht aus.)

MIMÌ

O Gott! Zünden Sie es noch einmal an.

RODOLFO *(eilt mit seiner Kerze herbei, um die Mimìs wieder anzuzünden, aber, als er sich der Tür nähert, erlöscht auch sein Licht, und das Zimmer bleibt im Dunkeln)*

O Gott! … Auch meines ist ausgegangen!

MIMÌ *(tastet sich näher, trifft auf den Tisch und stellt dort ihren Kerzenhalter ab)*

Ach!
Und wo mag der Schlüssel sein? …

RODOLFO *(befindet sich neben der Tür und schließt sie)*

Stockdunkel!

MIMÌ

Ich Unglückselige!

RODOLFO

Wo mag er sein? …

MIMÌ

Lästig ist die Nachbarin …

RODOLFO *(wendet sich nach der Seite, wo er Mimìs Stimme hört)*

Wo denken Sie hin?

MIMÌ *(wiederholt anmutig, während sie vorsichtig weitergeht)*

Lästig ist die Nachbarin …
(Sie sucht den Schlüssel auf dem Fußboden, indem sie die Füße schleifen läßt.)

RODOLFO

Was sagen Sie da, aber wo denken Sie hin!

MIMÌ

Suchen Sie.

RODOLFO

Ich suche.

(Er stößt an den Tisch, stellt dort den Kerzenhalter ab und beginnt den Schlüssel zu suchen, indem er mit den Händen auf dem Fußboden umhertappt.)

MIMÌ

Wo mag er sein?

RODOLFO *(findet den Schlüssel, ihm entfährt ein Ausruf, dann besinnt er sich, ändert plötzlich seine Absicht und steckt den Schlüssel in die Tasche)*

Ah!

MIMÌ

Haben Sie ihn gefunden? …

RODOLFO

Nein!

MIMÌ

Es schien mir so …

RODOLFO

Wirklich …

MIMÌ *(sucht tastend weiter)*

Suchen Sie?

RODOLFO

Ich suche!

(Er tut so, als ob er sucht, aber von der Stimme und den Schritten Mimìs geführt, versucht er sich ihr zu nähern, die auf dem Boden kniend noch immer tastend sucht; in diesem Augenblick hat sich Rodolfo genähert und, während auch er sich bückt, trifft seine Hand die Mimìs.)

MIMÌ *(überrascht)*

Ah!

RODOLFO

(Mimìs Hand haltend mit tiefbewegter Stimme)

Wie eiskalt ist dies Händchen!

Lassen Sie es mich wärmen.

Was nützt das Suchen? Im Dunkeln findet man nicht.
Aber zum Glück haben wir eine Mondnacht,
und hier haben wir den Mond ganz nahe.
Warten Sie, mein Fräulein,
ich werde Ihnen in zwei Worten sagen,
wer ich bin, was ich mache und wie ich lebe. Wollen Sie?
(Mimì schweigt; Rodolfo läßt die Hand von Mimì los, die zurückweicht und einen Stuhl findet, auf den sie sich geradezu fallen läßt, erschöpft vor Aufregung.)
Wer bin ich? Ich bin ein Dichter.
Was mache ich? Ich schreibe.
Und wie lebe ich? Ich lebe eben.
In meiner fröhlichen Armut
verschwende ich wie ein großer Herr
Reime und Liebeshymnen.
An Träumen, an Hirngespinsten
und an Luftschlössern
ist meine Seele Millionärin.
Manchmal rauben aus meinem
Geldschrank zwei Diebe
alle Juwelen: die schönen Augen.
Mit euch sind sie jetzt gerade eingetreten,
und meine üblichen Träume
und meine schönen Träume
sind sofort verflogen.
Aber der Diebstahl bekümmert mich nicht,
weil die süße Hoffnung hier eingezogen ist!
Jetzt da Ihr mich kennt,
sprecht auch Ihr. Wer seid Ihr?
Sagen Sie mir es doch bitte?

MIMÌ *(ist etwas unschlüssig, dann beschließt sie zu sprechen; noch im Sitzen)*
Ja.
Man nennt mich Mimì,
aber mein Name ist Lucia.
Meine Geschichte

ist kurz. Auf Leinen und auf Seide
sticke ich zu Hause und auswärts …
Ich bin ruhig und fröhlich,
und mein Zeitvertreib ist,
Lilien und Rosen zu machen.
Mir gefallen diese Dinge,
die einen so süßen Zauber haben,
die von Liebe sprechen, vom Frühling,
von Träumen und Hirngespinsten,
diese Dinge, die Poesie heißen … Verstehen Sie mich?

RODOLFO *(bewegt)*

Ja.

MIMÌ

Man nennt mich Mimì,
ich weiß nicht, warum.
Allein mache ich mir
selbst das Essen. Ich gehe nicht immer zur Messe,
aber ich bete oft zum Herrn.
Ich lebe allein, ganz allein
dort in einem weißen Zimmerchen:
Ich schaue über die Dächer und in den Himmel;
aber wenn es zu tauen anfängt,
ist die erste Sonne mein,
der erste Kuß des Aprils ist mein!
In einer Vase sprießt eine Rose …
Blatt für Blatt observiere ich sie!
So lieblich
ist der Duft einer Blume!
Aber die Blumen, die ich mache, haben leider keinen Duft.
Etwas anderes kann ich von mir nicht erzählen.
Ich bin Ihre Nachbarin,
die Ihnen zu unpassender Zeit lästig geworden ist.

SCHAUNARD *(vom Hof her)*

He! Rodolfo!

COLLINE

Rodolfo!

MARCELLO
Hallo. Hörst du nicht?
(Bei den Rufen der Freunde wird Rodolfo ungeduldig.)
Schnecke!

COLLINE
Dichterling!

SCHAUNARD
Zum Teufel mit
diesem Faulpelz!
(Immer ungeduldiger tastet sich Rodolfo zum Fenster und öffnet es, wobei er sich etwas hinauslehnt, um den Freunden zu antworten, die unten im Hof sind: Durch das geöffnete Fenster dringen die Strahlen des Mondes und erhellen das Zimmer.)

RODOLFO *(am Fenster)*
Ich schreibe schnell noch drei Zeilen.

MIMÌ *(nähert sich ein wenig dem Fenster)*
Wer sind die?

RODOLFO (zu *Mimì)*
Freunde.

SCHAUNARD
Du wirst etwas zu hören bekommen.

MARCELLO
Was machst du da ganz allein für dich?

RODOLFO
Ich bin nicht allein. Wir sind zu zweit.
Geht zu Momus, haltet die Stellung,
wir werden bald dort sein.
(Er bleibt am Fenster, um sich zu vergewissern, daß die Freunde fortgehen.)

MARCELLO, SCHAUNARD UND COLLINE *(entfernen sich)*
Momus, Momus, Momus,
still und taktvoll gehen wir von hier weg.
Momus, Momus, Momus, der Dichter
fand die Poesie.
(Mimì hat sich dem Fenster noch mehr genähert, so daß die

Strahlen des Mondes sie beleuchten; als er sich umwendet, sieht Rodolfo Mimì wie von einem Lichterglanz eingehüllt und betrachtet sie gleichsam in Ekstase.)

RODOLFO

O du liebliches Mädchen, o du süßes Gesicht,
umflossen vom milden Licht des aufgehenden Mondes,
in dir erkenne ich lebhaft
den Traum, den ich schon immer träumen wollte!
(umfängt Mimì mit den Armen)
Die Seele erbebt schon in extremer Verzückung,
im Kusse erbebt die Liebe!
(Er küßt sie.)

MIMÌ *(tief bewegt)*

Ah! Du allein sollst gebieten, Liebe! …
(fast hingebungsvoll)
(O wie süß dringen
ihre Verlockungen ins Herz …
Du sollst allein gebieten, Liebe! …)
(löst sich von ihm)
Nein, bitte nicht!

RODOLFO

Sei mein!

MIMÌ

Euch erwarten die Freunde …

RODOLFO

Du schickst mich schon weg?

MIMÌ *(unschlüssig)*

Ich möchte sagen … aber ich wage es nicht …

RODOLFO *(entgegenkommend)*

Sag es.

MIMÌ *(anmutig und schelmisch)*

Wenn ich mit euch käme?

RODOLFO *(überrascht)*

Was? …
Mimì?
(schmeichelnd)

Es wäre so schön, hier zu bleiben.
Draußen ist es kalt.

MIMÌ *(mit großer Hingabe)*
Ich werde bei euch sein! …

RODOLFO
Und bei der Rückkehr?

MIMÌ *(pfiffig)*
Neugieriger!

RODOLFO *(hilft Mimì liebevoll, das Schultertuch umzulegen)*
Reich mir deinen Arm, meine Kleine.

MIMÌ *(bietet Rodolfo ihren Arm)*
Ich gehorche, mein Herr!
(Sie begeben sich untergehakt zur Ausgangstür.)

RODOLFO
Sag, daß du mich liebst.

MIMÌ *(mit Hingabe)*
Ich liebe dich!

RODOLFO
Liebe!

MIMÌ
Liebe!

Ende des ersten Bildes

»... Gustave Colline, der große Philosoph, Marcel, der große Maler, Rodolphe, der große Dichter, und Schaunard, der große Musiker, – wie sie sich gegenseitig nannten – besuchten regelmäßig das Café Momus, wo sie den Spitznamen ›die vier Musketiere‹ hatten, weil sie unzertrennlich waren.

Sie kamen in der Tat immer zusammen an, spielten zusammen und gingen stets gemeinsam wieder weg – oft, ohne die Rechnung zu bezahlen, und immer mit einem ›Akkord‹, der des Konservatoriumsorchesters würdig gewesen wäre ...

Fräulein Musette war ein schönes Mädchen von zwanzig Jahren ... Viel Koketterie, ein wenig Ehrgeiz und keine Ahnung von Orthographie ... Sie verkörperte den Frohsinn der Abendessen im Quartier Latin ...

Ein ständiger Wechsel zwischen blauem Brougham* und Omnibus, zwischen der Rue Breda und dem Quartier Latin ...

– Nun, was wollt ihr? – Von Zeit zu Zeit muß ich die Luft dieses Lebens atmen. Meine verrückte Existenz ist wie eine Kanzone; jede meiner Lieben ist eine Strophe – aber Marcel ist der Refrain.«

Henri Murger

Im Quartier Latin

Eine Straßenkreuzung, die in der Breite die Form eines Platzes annimmt; Geschäfte, Verkäufer von allem Möglichen; auf der einen Seite das Café Momus.

Es ist Heiliger Abend.

Große, bunt gemischte Menge: Bürger, Soldaten, Dienstmädchen, Burschen, kleine Mädchen, Studenten, Näherinnen, Polizisten usw. Auf der Schwelle ihrer Geschäfte schreien die Verkäufer aus voller Kehle und laden die Menge zum Kaufen ein. Abgetrennt in diesem großen Gedränge von Leuten bewegen sich auf der einen Seite Rodolfo und Mimì hin und her,

* Der *Brougham* bzw. *Broom* ist eine elegante, zweisitzige Kutsche, nach dem englischen Staatsmann Lord Brougham benannt.

Colline steht neben dem Geschäft einer Flickschneiderin; Schaunard ist dabei, in dem Geschäft eines Altwarenhändlers eine Pfeife und ein Horn zu kaufen; Marcello wird von den lustwandelnden Leuten hin- und hergestoßen. Etliche Bürger an einem Tisch außerhalb des Café Momus. Es ist Abend. Die Läden sind mit Lampions und angezündeten Laternen geschmückt; eine große Laterne beleuchtet den Eingang des Cafés.

VERKÄUFER *(auf der Schwelle ihrer Läden; andere gehen in der Menge hin und her und bieten ihre Ware an)*
Orangen, Datteln! Heiße Kastanien!
Spielzeug, Kreuze. Nougat! Schlagsahne!
Karamellen! Kuchen! Buchfinken,
Spatzen! Blumen für die Schönen!

DIE MENGE *(Studenten, Näherinnen, Bürger und Volk)*
Was für eine Menschenmenge! Los, laufen wir! Welch ein Lärm!
Halte dich dicht neben mir! Platz da!

IM CAFÉ
Schnell hierher! Herr Ober! Ein Glas!
Laufen Sie! Bier! Etwas zu trinken! Einen Kaffee!

VERKÄUFER
Kokosmilch! Jacken! Karotten!

DIE MENGE *(entfernt sich)*
Wie viele Menschen, los, gehen wir weg!

SCHAUNARD *(nachdem er in das Horn geblasen hat, um das er lange mit einem Altwarenhändler gefeilscht hat)*
Dieses D ist verstimmt.
Wieviel kosten Pfeife und Horn?
(Er bezahlt.)

COLLINE *(neben der Flickschneiderin, die ihm den Rockschoß eines langen Überrocks genäht hat)*
Er ist ein wenig abgenutzt …
aber er ist solide und billig …
(Bezahlt, dann verteilt er in angemessenem Gleichgewicht in den vielen Taschen des Mantels die Bücher, mit denen er beladen ist.)

RODOLFO *(durchquert mit Mimì am Arm die Menge in Richtung auf das Geschäft der Modistin)*
Gehen wir.

MIMÌ
Gehen wir dahin wegen des Häubchens?

RODOLFO
Halte dich eng an meinem Arm …

MIMÌ
An dich drücke ich mich fest …
Gehen wir!
(Sie gehen in das Geschäft einer Modistin.)

MARCELLO *(ganz allein inmitten der Menge mit einem Paket unter dem Arm, wirft den Frauenzimmern, die ihm die Menge geradezu in die Arme treibt, schmachtende Blicke zu)*
Auch ich fühle mich in der Stimmung zu schreien:
Wer will, ihr lustigen Frauenzimmer, ein wenig Liebe!
Spielen wir zusammen verkaufen und kaufen!

EIN VERKÄUFER
Pflaumen aus Tours!
(Eine Gruppe von Verkäuferinnen tritt auf.)

MARCELLO
Ich gebe für einen Sou mein jungfräuliches Herz!
(Das Mädchen entfernt sich lachend.)

SCHAUNARD *(schwänzelt vor dem Café Momus herum und erwartet die Freunde; inzwischen betrachtet er, mit der riesigen Pfeife und dem Horn bewaffnet, neugierig die Menge)*
Zwischen Remplern und Kopfstößen herbeilaufend
hastet die Menge und freut sich daran,
törichte und frustrierende Freuden zu genießen …

EINIGE VERKÄUFERINNEN
Spielzeug, Anstecknadeln!
Datteln und Karamellen!

VERKÄUFER
Blumen für die Schönen!

COLLINE *(kommt zum Treffpunkt und schwenkt triumphierend ein altes Buch)*

Ein seltenes Exemplar, ja sogar ein Unikat:
Die Runengrammatik!

SCHAUNARD
Du ehrlicher Mensch!

MARCELLO *(ruft bei seiner Ankunft im Café Momus Schaunard und Colline zu)*
Zu Tisch!

SCHAUNARD UND COLLINE
Rodolfo?

MARCELLO
Er ging zu einer Modistin.

RODOLFO *(kommt mit Mimì aus dem Modegeschäft)*
Komm, die Freunde warten.

VERKÄUFER *(einige)*
Schlagsahne!

MIMÌ *(zeigt auf ein Häubchen, das sie anmutig trägt)*
Steht es mir gut, dieses rosa Häubchen?
(Marcello, Schaunard und Colline suchen, ob ein Tisch vor dem Café draußen im Freien unbesetzt ist; aber es gibt nur einen, und der ist mit ehrbaren Bürgern besetzt. Die drei Freunde durchbohren sie mit verächtlichen Blicken, dann gehen sie ins Café hinein.)

GASSENJUNGEN *(einige)*
Kokosmilch!

VERKÄUFER
Ei, dieser Kuchen!
Schlagsahne!

AUS DEM CAFÉ
Herr Ober!
Ein Glas!
Schnell, hallo!
Ratafia*!

RODOLFO (zu *Mimì)*
Du bist brünett, und diese Farbe steht dir.

*Name eines Fruchtlikörs.

MIMÌ *(bewundert die Vitrine eines Ladens)*
Eine schöne Korallenhalskette!

RODOLFO
Ich habe einen Millionär zum Onkel. Wenn der liebe Gott vernünftig ist,
will ich dir eine noch viel schönere Halskette schenken.
(Rodolfo und Mimì begeben sich in trautem Gespräch zum Hintergrund der Bühne und verlieren sich in der Menge. – Bei einem Laden im Hintergrund steigt ein Verkäufer auf einen Stuhl, mit großen Gesten bietet er Strickwaren, Nachtmützen etc. zum Verkauf an. Eine Gruppe von Jungen läuft um den Laden herum und bricht in lustiges Gelächter aus.)

STRASSENJUNGEN *(lachen)*
Ha! Ha! Ha! Ha!

NÄHERINNEN UND STUDENTEN *(laufen lachend in den Hintergrund zu den Straßenjungen)*
Ha! Ha! Ha! Ha!

BÜRGER
Schließen wir uns der Menge an!
Mädchen, paßt auf!
Welch ein Lärm! Was für eine Menschenmenge!
Nehmen wir die Rue Mazarine!
Ich ersticke, gehen wir weg!
Siehst du, das Café ist in der Nähe!
Gehen wir dorthin, zu Momus!
(Sie betreten das Café.)

VERKÄUFER
Orangen, Datteln, Spielzeug, Blumen!
(Viele Leute treten von allen Seiten auf und bewegen sich über den Platz, dann sammeln sie sich im Hintergrund. – Colline, Schaunard und Marcello kommen aus dem Café heraus und tragen einen Tisch nach draußen; ihnen folgt ein Kellner mit den Stühlen; die Bürger am Nachbartisch sind über den Lärm, den die drei Freunde machen, verärgert, erheben sich nach kurzer Zeit und gehen weg. Rodolfo und Mimì kommen wieder näher; sie beobachtet eine Gruppe Studenten.)

RODOLFO *(mit sanftem Vorwurf zu Mimì)*
Wen schaust du an?
COLLINE
Ich hasse die vulgäre Volksmenge genau wie Horaz.
MIMÌ
(zu Rodolfo)
Bist du eifersüchtig?
RODOLFO
Ein glücklicher Mensch ist immer argwöhnisch.
SCHAUNARD
Und ich, wenn ich mich sättige,
brauche viel Platz …
MIMÌ *(zu Rodolfo)*
Bist du glücklich?
MARCELLO *(zum Ober)*
Wir wollen ein köstliches Mahl.
RODOLFO *(leidenschaftlich zu Mimì)*
Ach ja, sehr!
Und du?
MIMÌ
Ja, sehr!
STUDENTEN UND NÄHERINNEN *(einige)*
Dorthin zu Momus!
Gehen wir!
(Sie betreten das Café.)
MARCELLO, SCHAUNARD UND COLLINE *(zum Kellner, der innerhalb des Cafés hin und her eilt, während ein anderer alles Nötige hinausträgt, um den Tisch zu decken)*
Schnell!
(Rodolfo und Mimì wenden sich zum Café Momus.)
PARPIGNOL *(aus dem Off, von weitem)*
Hier ist das Spielzeug von Parpignol!
RODOLFO *(stößt zu den Freunden und stellt ihnen Mimì vor)*
Zwei Plätze.
COLLINE
Endlich!

RODOLFO
Hier sind wir.
Dies hier ist Mimì,
ein fröhliches Blumenmädchen.
Ihr Kommen vervollkommnet die schöne Gemeinschaft,
weil ich Dichter bin,
sie die Poesie.
In meinem Geist erblühen die Lieder,
unter ihren Fingern erblühen die Blumen,
aus unseren überglücklichen Seelen erblüht die Liebe.

MARCELLO, SCHAUNARD UND COLLINE *(lachen)*
Ha! Ha! Ha! Ha!

MARCELLO *(ironisch)*
Gott, welch gesuchte Redeblumen!

COLLINE *(feierlich, zeigt auf Mimì)*
›Digna est intrare.‹

SCHAUNARD *(mit komischer Autorität)*
›Ingrediat si necessit.‹

COLLINE
Ich sage nur ›accessit‹!
(Alle setzen sich um den Tisch, während der Kellner zurückkehrt.)

PARPIGNOL *(ganz nahe)*
Hier ist das Spielzeug von Parpignol.

COLLINE *(als er den Kellner sieht, ruft er ihm mit Emphase zu)*
Tölpel!
(Der Kellner bringt die Speisekarte, die unter den Freunden von Hand zu Hand wandert, mit einer Art von Bewunderung betrachtet und tiefschürfend analysiert wird. –
Aus der Rue Dauphine kommt ein Karren, ganz mit Flitter und Blumen geschmückt und von Lampions beleuchtet; ihn schiebt Parpignol, der populäre Spielzeugverkäufer; eine Meute von Jungen folgt ihm, fröhlich umherhüpfend, und umgibt den Karren voller Bewunderung für das Spielzeug.)

KLEINE MÄDCHEN UND JUNGEN *(aus dem Off)*
Parpignol, Parpignol!

(auf der Bühne)
Hier ist Parpignol, Parpignol!
Mit seinem Karren ganz aus Blumen!
Hier ist Parpignol, Parpignol!
Ich will die Trompete, das Pferdchen,
die Trommel, das Tamburin …
Ich will die Kanone, ich will die Reitpeitsche
… die Fahne der Soldaten.

SCHAUNARD
Hirschbraten!

MARCELLO *(prüft die Karte und bestellt mit lauter Stimme beim Kellner)*
Einen Truthahn!

SCHAUNARD
Rheinwein!

COLLINE
Tischwein!

SCHAUNARD
Languste ohne Schale!
(Kleine Mädchen und Jungen gestikulieren sehr lebhaft um den Karren Parpignols herum; eine Gruppe von Müttern eilt herbei auf der Suche nach den Kindern; als sie sie bei Parpignol finden, beginnen sie sie auszuschimpfen; die eine nimmt den Sohn bei der Hand, eine andere will ihr eigenes kleines Mädchen hinwegführen; die eine droht, die andere schimpft, aber vergebens, weil die Mädchen und Jungen nicht weggehen wollen.)

MÜTTER *(schreiend und drohend)*
Ach ihr Bande von Teufelsgaunern,
was macht ihr an diesem Ort?
Nach Hause, ins Bett! Los, ihr schlimmen Kerle,
ihr habt mehr verdient als Ohrfeigen!
Nach Hause, ins Bett,
Gaunerbande, ins Bett!
(Eine Mutter packt einen Jungen am Ohr; dieser fängt an zu heulen.)

EIN JUNGE *(weinerlich)*
Ich will die Trompete, das Pferdchen! …
(Die Mütter sind besänftigt und entschließen sich, bei Parpignol zu kaufen; die Kinder springen vor Freude und nehmen das Spielzeug in Besitz. Parpignol zieht weiter in die Rue de l'Ancienne-Comédie. Die Jungen und Mädchen folgen ihm fröhlich, marschieren und tun so, als ob sie auf den erworbenen Kinderinstrumenten spielen würden.)

RODOLFO
Und du, Mimì, was willst du?

MIMÌ
Das Sahnebaiser.

SCHAUNARD *(mit größtem Nachdruck zum Kellner, der aufschreibt, was bei ihm bestellt wird)*
Mit großem Pomp. Es handelt sich um eine Dame!

KLEINE MÄDCHEN UND JUNGEN
Es lebe Parpignol, Parpignol!
(aus dem Off)
Die Trommel! Tamburin!
(weiter entfernt)
Die Fahne der Soldaten!

MARCELLO *(als ob er das Gespräch fortsetzen würde)*
Fräulein Mimì, welch seltenes Geschenk
hat Ihnen Ihr Rodolfo gemacht?

MIMÌ
(zeigt ein Häubchen, das sie aus einer Verpackung zieht)
Ein Häubchen
mit Spitze, ganz rosa, bestickt;
es paßt gut zu meinem dunklen Haar.
Seit langer Zeit wünsche ich mir ein solches
Häubchen! …
Und er hat erraten, was mein Herz verbirgt …
Nun, wer in einem Herzen liest,
kennt die Liebe und ist ein … Lehrmeister.

SCHAUNARD
Ein erfahrener Professor …

COLLINE *(führt Schaunards Gedanken weiter)*
… der schon Diplome hat und dessen
hauptsächliche Waffen
nicht seine Verse sind …

SCHAUNARD *(unterbricht ihn)*
… so sehr, daß wahr erscheint, was er ausdrückt! …

MARCELLO *(schaut Mimì an)*
O schönes Alter der Täuschungen und Utopien!
Man glaubt, hofft, und alles erscheint schön!

RODOLFO
Die göttlichste Poesie
ist die, mein Freund, die uns zur Liebe anleitet!

MIMÌ
Lieben ist noch süßer als Honig …

MARCELLO *(verärgert)*
… je nach Geschmack ist sie Honig oder Galle! …

MIMÌ *(überrascht zu Rodolfo)*
O mein Gott … ich habe ihn beleidigt!

RODOLFO
Er ist in Trauer, meine Mimì.

SCHAUNARD UND COLLINE *(um das Gesprächsthema zu wechseln)*
Seid fröhlich, und einen Toast! …

MARCELLO *(zum Kellner)*
Bring einen Likör! …

MIMÌ, RODOLFO UND MARCELLO *(erheben sich)*
Weg mit den Gedanken, hoch die Gläser!
Trinken wir!

ALLE
Trinken wir!

MARCELLO *(unterbricht, weil er von weitem Musetta gesehen hat)*
Daß ich doch Gift tränke!
(Läßt sich auf den Stuhl fallen. – An der Ecke der Rue Mazarine erscheint eine sehr schöne Frau mit kokettem und fröhlichem Benehmen, mit provozierendem Lächeln. Hinter ihr kommt ein prächtig gekleideter Herr, prätentiös in Kleidung, Benehmen und Auftreten.)

RODOLFO, SCHAUNARD UND COLLINE
(überrascht, als sie Musetta sehen)
Oh!

MARCELLO
Sie!

RODOLFO, SCHAUNARD UND COLLINE
Musetta!

HÄNDLERINNEN
(als sie Musetta sehen)
Nanu! – Sie! – Ja! – Sieh an! – Sie! – Musetta!
Wir sind im Himmel! – Wie elegant!

ALCINDORO *(außer Atem)*
Wie ein Gepäckträger …
hierhin … und dorthin laufen …
Nein! Nein! Das paßt nicht zu uns …
Ich kann nicht mehr!

MUSETTA *(mit schnellen Schritten, blickt hierhin und dorthin, als ob sie jemanden suchte, während Alcindoro ihr schnaufend und verärgert folgt; sie ruft ihn wie ein Hündchen)*
Komm, Lulù!
Komm, Lulù!

SCHAUNARD
Dieser häßliche Dingsda
scheint zu schwitzen!
(Musetta sieht die Tischgesellschaft der Freunde vor dem Café Momus und bedeutet Alcindoro, sich an den Tisch zu setzen, den die Bürger kurz zuvor freigemacht haben.)

ALCINDORO *(zu Musetta)*
Wie! Hier draußen?
Hier?

MUSETTA
Setz dich, Lulù!

ALCINDORO
(setzt sich gereizt, schlägt den Kragen seines Mantels hoch und brummt in seinen Bart)
Solche Spitznamen

hebe bitte für
unser Tête-à-tête auf.
(Ein Kellner nähert sich und deckt den Tisch.)

MUSETTA
Spiel hier nicht den Blaubart!
(Auch sie setzt sich an den Tisch in Richtung auf das Café.)

COLLINE *(betrachtet den Alten prüfend)*
Das ist das hochmütige Laster in Person …

MARCELLO *(mit Verachtung)*
Mit der keuschen Susanne!

MIMÌ *(zu Rodolfo)*
Sie ist immerhin gut gekleidet!

RODOLFO
Die Engel gehen nackt.

MIMÌ *(neugierig)*
Du kennst sie! Wer ist das?

MUSETTA *(beleidigt, als sie sieht, daß die Freunde sie nicht ansehen)*
(Marcello sieht mich
… der Feigling sieht mich nicht an!
(immer verärgerter)
Dieser Schaunard, wie er lacht!
Sie regen mich alle auf!
Wenn ich sie doch verprügeln könnte,
wenn ich sie kratzen könnte!
Aber ich habe nur
diesen Pelikan an der Hand!
Na warte!)
(schreit)
He! Kellner!
(Der Kellner eilt herbei; Musetta nimmt einen Teller und beschnuppert ihn.)
Kellner! Dieser Teller
stinkt nach aufgewärmtem Essen!
(Sie wirft den Teller mit Gewalt zu Boden; der Kellner beeilt sich, die Scherben einzusammeln.)

MARCELLO *(zu Mimì)*
Fragt mich danach.
Ihr Name ist Musetta;
Nachname: Versuchung!
Von ihrer Berufung her
ist sie Windrose;
sie dreht sich und wechselt häufig
Liebhaber und Liebe,
und wie der Kauz ist sie ein blutrünstiger Vogel;
ihre gewöhnliche Nahrung
ist das Herz … Sie ißt das Herz!
Deshalb habe ich keines mehr …
Reicht mir das Ragout!

ALCINDORO
(hält sie zurück)
Nicht, Musetta …
Ruhig, ruhig!

MUSETTA *(sieht, daß Marcello sich nicht umdreht)*
(Er dreht sich nicht um.)

ALCINDORO *(mit komischer Verzweiflung)*
Still! Still! Still doch!
Benimm dich, etwas Anstand!

MUSETTA
(Ach, er dreht sich nicht um.)

ALCINDORO
Mit wem sprichst du? …

COLLINE
Dieses Huhn ist ein Gedicht!

MUSETTA *(wütend)*
(Jetzt schlage ich ihn, ich schlage ihn!)

ALCINDORO
Mit wem sprichst du?

SCHAUNARD
Der Wein ist köstlich.

MUSETTA *(genervt)*
Mit dem Kellner!

Geh mir nicht auf die Nerven!
Ich will tun, was mir gefällt …

ALCINDORO
Sprich leise,
sprich leise.
(Er nimmt die Karte des Kellners und beginnt das Abendessen zu bestellen.)

MUSETTA
… ich will tun, was mir gefällt!
Geh mir nicht auf die Nerven!

NÄHERINNEN *(überqueren die Bühne, halten einen Augenblick inne, als sie Musetta sehen)*
Schau nur, schau, wen man da sieht,
tatsächlich sie, Musetta!

STUDENTEN
(überqueren die Bühne)
Mit diesem stammelnden Alten …

NÄHERINNEN UND STUDENTEN
… tatsächlich sie, Musetta!
(lachend)
Ha! Ha! Ha! Ha!

MUSETTA
(Ist er vielleicht eifersüchtig
auf diese Mumie?)

ALCINDORO *(unterbricht seine Bestellungen, um Musetta zu beruhigen, die sich weiter aufregt)*
Die Schicklichkeit …
die gesellschaftliche Stellung … die Tugend …

MUSETTA
… (Mal sehn, ob mir
so viel Macht übrigbleibt, daß er nachgibt!)

SCHAUNARD
Die Komödie ist wundervoll!

MUSETTA *(betrachtet Marcello, mit lauter Stimme)*
Du siehst mich nicht an!

ALCINDORO *(glaubt, daß Musetta das Wort an ihn gerichtet habe,*

freut sich darüber und antwortet ernsthaft)
Du siehst doch, daß ich bestelle! …

SCHAUNARD
Die Komödie ist wundervoll!

COLLINE
Wundervoll!

RODOLFO *(zu Mimì)*
Merke dir für dein eigenes Verhalten,
daß ich nicht ewig verzeihen würde.

SCHAUNARD
Sie spricht zu dem einen,
damit der andere versteht.

MIMÌ *(zu Rodolfo)*
Ich liebe dich so sehr,
und ich bin ganz dein! …
Was sprichst du mir vom Verzeihen?

COLLINE *(zu Schaunard)*
Und der andere vergebens grausam
tut so, als ob er nicht verstände, aber er saugt es auf wie Honig! …

MUSETTA *(wie oben)*
Aber dein Herz pocht!

ALCINDORO
Sprich leise.

MUSETTA *(weiterhin im Sitzen, wendet sich absichtlich an Marcello, der nervös zu werden beginnt)*
Wenn ich so allein durch die Straße gehe,
bleiben die Leute stehen und schauen
und erkunden meine ganze Schönheit
von Kopf bis Fuß …

MARCELLO *(zu den Freunden mit erstickter Stimme)*
Fesselt mich an einen Stuhl!

ALCINDORO *(sitzt wie auf Kohlen)*
Was werden die Leute sagen?

MUSETTA
… und ich genieße die heiße Begierde,

die aus den Augen leuchtet
und aus den offensichtlichen Reizen
auf die verborgene Schönheit schließen kann.
So umgibt mich ganz der Effekt der Begierde
und macht mich glücklich!

ALCINDORO *(nähert sich Musetta und versucht sie zum Schweigen zu bringen)*
(Dieser schlüpfrige Gesang
reizt meinen Zorn!)

MUSETTA
Und du, der du es weißt, dich erinnerst und dich
verzehrst, ziehst dich so sehr vor mir zurück?
Ich weiß wohl; deine Ängste willst du ihr nicht sagen,
aber dir ist zum Sterben zumute!

MIMÌ *(zu Rodolfo)*
Ich sehe wohl ...
daß diese Ärmste
ganz in Marcello verliebt ist,
ganz verliebt ist sie!

(Schaunard und Colline erheben sich und begeben sich auf eine Seite, wobei sie die Szene neugierig beobachten, während Rodolfo und Mimì alleine zurückbleiben, sitzen und miteinander zärtlich sprechen. Marcello, immer nervöser, hat seinen Platz verlassen; er würde gerne weggehen, kann aber der Stimme Musettas nicht widerstehen.)

ALCINDORO
Was werden die Leute sagen?

RODOLFO *(zu Mimì)*
Marcello liebte sie einst.

SCHAUNARD
Marcello wird schon nachgeben!

COLLINE
Wer weiß schon, was geschehen wird!

RODOLFO *(zu Mimì)*
Die Leichtfertige verließ ihn,
um sich dann einem besseren Leben hinzugeben.

(Alcindoro versucht vergebens, Musetta zu überzeugen, am Tisch wieder Platz zu nehmen, wo das Abendessen schon bereitsteht.)

SCHAUNARD

Sie finden in gleicher Weise die Schlinge süß ...

COLLINE

Heilige Götter, in ähnlichen Streit ...

SCHAUNARD

... wer sie auslegt und wer sich hineinbegibt.

COLLINE

...möge Colline nie geraten!

MUSETTA

(Ah! Marcello regt sich auf ...

ALCINDORO

Sprich leise!
Ruhig, ruhig!

MUSETTA

Marcello ist besiegt!)
Ich weiß wohl, deine Ängste
willst du ihr nicht sagen.
Aber dir ist zum Sterben zumute.

ALCINDORO

Benehmen, Anstand!
Ruhig, ruhig!

MUSETTA *(zu Alcindoro, trotzig)*

Ich will tun, was mir gefällt!
Ich will tun, was mir gut scheint,
geh mir nicht auf die Nerven!
Geh mir nicht auf die Nerven!

MIMÌ

Diese Unglückliche
tut mir leid!

COLLINE

(Sie ist schön, ich bin nicht blind,
doch gefallen mir viel mehr
eine Pfeife und ein griechischer Text!)

MIMÌ *(schmiegt sich an Rodolfo)*
Ich liebe dich!
Diese Unglückliche tut mir leid!
Egoistische Liebe ist etwas Trauriges!
Die Unglückliche tut mir leid!
RODOLFO *(faßt Mimì um die Taille)*
Mimì!
Es ist eine flaue Liebe, die die
Kränkungen nicht rächen kann!
Erloschene Liebe blüht nicht wieder auf!
SCHAUNARD
(Dieser Prahlhans wird jeden Moment nachgeben!
Wundervoll ist die Komödie!
Marcello wird nachgeben!)
(zu Colline)
Wenn eine solch begehrenswerte Person
ganz vertraulich mit dir umginge,
würdest du deine mürrische Wissenschaft
zum Teufel schicken!
MUSETTA
(Jetzt muß ich mich von dem Alten befreien!)
Sie simuliert einen starken Schmerz an einem Fuß und setzt sich wieder hin.)
Au!
ALCINDORO
Was gibt es?
MUSETTA
Welch ein Schmerz, welch ein Brennen!
ALCINDORO
Wo?
(Er bückt sich, um Musetta den Schuh aufzumachen.)
MUSETTA
(zeigt kokett ihren Fuß)
Am Fuß!
(schreiend)
Löse ihn, mach ihn auf, zerreiß ihn, zerfetz ihn!

Ich flehe dich an …
Dort unten ist ein Schuster.

ALCINDORO
Unvorsichtige!

MUSETTA
Lauf, schnell!
Ich will ein anderes Paar.
Au, welch stechender Schmerz,
verfluchter enger Schuh!

ALCINDORO
Was werden diese Leute sagen?

MUSETTA
Jetzt ziehe ich ihn aus …
(Sie zieht den Schuh aus und legt ihn auf den Tisch.)

ALCINDORO *(sucht Musetta zurückzuhalten)*
Aber meine gesellschaftliche Stellung!

MARCELLO *(tritt zutiefst bewegt vor)*
Meine Jugend, du bist nicht tot,
auch die Erinnerung an dich ist nicht tot!

SCHAUNARD UND COLLINE, DANN RODOLFO
Die Komödie ist wundervoll!

MARCELLO
Wenn du an meine Tür klopfen würdest,
würde mein Herz öffnen gehen!

MUSETTA
Da ist er.

ALCINDORO.
Willst du, daß ich mich kompromittiere?
Warte! Musetta! Ich gehe.
(Er verbirgt schnell Musettas Schuh in seiner Weste, dann knöpft er sich den Anzug zu.)

MIMÌ
Ich sehe es wohl,
sie ist verliebt in Marcello!

MUSETTA *(wird ungeduldig)*
Lauf, geh, lauf.

Schnell, geh! Geh!
(Alcindoro geht eilig weg. – Musetta und Marcello umarmen sich mit großer Begeisterung.)

MUSETTA
Marcello!

MARCELLO
Sirene!

SCHAUNARD
Wir sind in der letzten Szene!
(Ein Kellner bringt die Rechnung.)

RODOLFO, SCHAUNARD UND COLLINE
(erheben sich überrascht zusammen mit Mimì)
Die Rechnung?

SCHAUNARD
So bald?

COLLINE
Wer hat darum gebeten?

SCHAUNARD *(zum Kellner)*
Schaun wir mal!
(Nachdem er die Rechnung gesehen hat, reicht er sie an die Freunde weiter.)

RODOLFO UND COLLINE *(betrachten die Rechnung)*
Teuer!
(In weiter Ferne hört man die militärische Zapfenstreichparade, die langsam näher kommt.)

COLLINE, SCHAUNARD UND RODOLFO
(befühlen ihre leeren Taschen)
Heraus mit dem Geld!

SCHAUNARD
Colline, Rodolfo und du, Marcello?

MARCELLO
Wir sitzen auf dem Trockenen!

SCHAUNARD
Wie?

RODOLFO
Ich habe insgesamt nur dreißig Sous!

COLLINE, SCHAUNARD UND MARCELLO *(vor Schreck erstarrt)*
Wie? Mehr ist nicht da?
SCHAUNARD *(entsetzt)*
Aber wo ist der Schatz?
(Sie führen die Hände zu den Taschen; sie sind leer; keiner kann sich das schnelle Verschwinden von Schaunards Fünffrancsstücken erklären; sie schauen sich gegenseitig überrascht an.)
STRASSENJUNGEN *(laufen von rechts herbei)*
Die Zapfenstreichparade!
NÄHERINNEN UND STUDENTEN *(kommen schnell aus dem Café Momus)*
Die Zapfenstreichparade!
BÜRGER *(laufen von links herbei; die Zapfenstreichparade ist noch fern; die Leute laufen von einer Seite der Bühne zur anderen, um zu sehen, auf welchem Weg die Soldaten kommen)*
Die Zapfenstreichparade!
STRASSENJUNGEN
Kommen sie von dort her?
(Sie suchen sich zu orientieren.)
NÄHERINNEN UND STUDENTEN
Nein, von dort!
STRASSENJUNGEN *(unentschlossen, zeigen auf die entgegengesetzte Seite)*
Sie kommen von dort!
MUSETTA *(zum Kellner)*
Meine Rechnung geben Sie mir.
(zum Kellner, der ihr die Rechnung zeigt)
Gut!
Schnell, zählen Sie
das mit dem zusammen!
(Der Kellner legt beide Rechnungen zusammen und errechnet die Summe.)
Es zahlt der Herr, der hier mit mir war!
RODOLFO, MARCELLO, SCHAUNARD UND COLLINE *(zeigen auf die Seite, wohin Alcindoro gegangen ist; einer zum anderen, belustigt)*
Der Herr zahlt!

COLLINE
Der Herr zahlt!
SCHAUNARD
Der Herr zahlt!
NÄHERINNEN UND STUDENTEN
Sie kommt von dort!
(Verschiedene Fenster öffnen sich, an ihnen und auf den Balkonen erscheinen Mütter mit ihren Kindern und schauen ungeduldig, woher die Zapfenstreichparade kommt.)
BÜRGER UND VERKÄUFER *(brechen vom Hintergrund her herein und bahnen sich eine Gasse durch die Menge; einige)*
Platz! Platz!
JUNGEN *(einige, an den Fenstern)*
Ich will sehen! Ich will hören!
Mama, ich will zusehen!
Papa, ich will zuhören!
Ich will die Zapfenstreichparade sehen!
MÜTTER *(einige, an den Fenstern)*
Lisette, willst du wohl ruhig sein?
Tonio, willst du damit endlich aufhören?
Willst du ruhig sein, willst du damit aufhören?
(Die Menge hat die ganze Bühne eingenommen; die Zapfenstreichparade kommt von links immer näher.)
MARCELLO
... der Herr!
MUSETTA *(legt die beiden vom Kellner empfangenen Rechnungen auf den Tisch auf Alcindoros Platz)*
Und wo er gesessen hat,
finde er meinen Gruß!
RODOLFO, MARCELLO, SCHAUNARD UND COLLINE
Und wo er gesessen hat,
finde er meinen Gruß!
MARCELLO
Die Zapfenstreichparade kommt!
MARCELLO UND COLLINE
Der Alte soll uns nicht mit seiner Beute fliehen sehen!

MARCELLO, SCHAUNARD UND COLLINE
Diese eng gedrängte Menge
soll unser Versteck sein!
MIMÌ, MUSETTA, RODOLFO, MARCELLO, SCHAUNARD UND COLLINE
Schnell, schnell, schnell!
NÄHERINNEN UND BÜRGER
Sie kommen von dort!
DIE MENGE UND DIE VERKÄUFER
Ja, von dort!
STRASSENJUNGEN
Sobald sie kommt,
folgen wir ihr im Marschtritt!
VERKÄUFER *(kommen auf die Straße, nachdem sie ihre Läden geschlossen haben)*
In diesem Trommelwirbel hörst du
die Majestät des Vaterlandes!
(Alle blicken nach links; die Zapfenstreichparade wird gleich auf der Kreuzung ankommen; darauf zieht sich die Menge zurück und teilt sich in zwei Flügel, von links gegen den Hintergrund rechts, während die Freunde – mit Musetta und Mimì – eine gesonderte Gruppe beim Café bilden.)
DIE MENGE
Platz, Platz, da sind sie!
In Reih und Glied!
(Die militärische Zapfenstreichparade kommt von links; ein riesiger Tambourmajor geht ihr voran, der mit Geschick und Feierlichkeit seinen Kommandostab handhabt, wobei er den Weg des Zuges anzeigt.)
DIE MENGE UND DIE VERKÄUFER
Da ist der Tambourmajor!
Stolzer als ein antiker Krieger!
Der Tambourmajor! Die Pioniere, hallo!
Die Zapfenstreichparade ist da!
Dort ist er! Der schöne Tambourmajor!
Der goldene Stab, ein einziger Glanz!
Wie er schaut, vorbeigeht, schreitet!

(Die Zapfenstreichparade überquert die Bühne und wendet sich im Hintergrund nach rechts. Da Musetta nicht laufen kann, weil sie nur einen Schuh anhat, wird sie von Marcello und Colline auf den Arm genommen; sie durchbrechen die Reihe der Umstehenden, um der Zapfenstreichparade zu folgen; als die Menge sieht, wie Musetta im Triumph getragen wird, nimmt sie das zum Anlaß, um ihr lautstarke Ovationen zu bringen. Marcello und Colline begeben sich mit Musetta an das Ende der Zapfenstreichparade; ihnen folgen untergehakt Rodolfo und Mimì und Schaunard mit seinem Horn an den Lippen, dann Studenten und Näherinnen, die fröhlich umherspringen, dann Kinder, Bürger, Frauen im Marschtritt. Diese ganze Menschenmenge entfernt sich in den Hintergrund im Gefolge der militärischen Zapfenstreichparade.)

RODOLFO, MARCELLO, SCHAUNARD UND COLLINE

Es lebe Musetta!
Spitzbübisches Herzchen!
Ruhm und Ehre,
Ehre und Ruhm
des Quartier Latin!

DIE MENGE UND DIE VERKÄUFER

Ganz Pracht und Herrlichkeit!
Er ist der schönste Mann Frankreichs!
Der schöne Tambourmajor!
Da ist er!
Wie er schaut, vorbeigeht, schreitet!

(Geschrei der Menge aus dem Off. – Inzwischen kehrt Alcindoro mit einem Paar schön verpackter Schuhe zum Café Momus zurück und sucht Musetta; der Kellner, der am Tisch steht, nimmt die von ihr zurückgelassene Rechnung und präsentiert sie mit aller Förmlichkeit Alcindoro, der, als er die Summe sieht und niemanden mehr vorfindet, erstaunt und bestürzt auf einen Stuhl fällt.)

Ende des zweiten Bildes

»Mimis Stimme hatte einen Klang, der Rodolphe ins Herz drang wie die Schläge einer Totenglocke …

Er empfand dennoch für sie eine eifersüchtige, phantastische, bizarre, hysterische Liebe …

Zwanzigmal waren sie so weit, sich zu trennen.

Man muß gestehen, daß ihre Existenz eine wahre Hölle war.

Nichtsdestoweniger hielten sie mitten im Unwetter ihrer Streitigkeiten in gegenseitigem Einverständnis inne, um in der frischen Oase einer Liebesnacht wieder Kraft zu schöpfen … aber beim Grauen des nächsten Tages trieb ein unvorhergesehener Kampf die erschreckte Liebe wieder in die Flucht.

So lebten sie – wenn das ein Leben war – frohe Tage im Wechsel mit sehr schlimmen in der fortgesetzten Erwartung der Trennung. Musette besaß als angeborene Familienkrankheit und aus konkretem Instinkt die Begabung für Eleganz …

Dieses seltsame Geschöpf mußte, kaum geboren, einen Spiegel verlangt haben.

Intelligent und witzig, rebellisch besonders gegen das, was wie Tyrannei aussah, hatte sie nur eine Verhaltensregel: die Laune.

Gewiß war der einzige von ihr geliebte Mann Marcel – vielleicht weil er sie leiden lassen konnte – aber der Luxus war für sie eine Bedingung des Wohlergehens …«

Henri Murger

Die Barrière d'Enfer
Jenseits der Schranke der äußere Boulevard und im äußersten Hintergrund die Avenue d'Orléans, die sich in der Ferne verliert zwischen den hohen Häusern und dem Februarnebel; diesseits auf der linken Seite ein Cabaret und der kleine Platz der Schranke; rechts der Boulevard d'Enfer; links der Boulevard Saint-Jacques. Rechts jedoch die Mündung der Rue d'Enfer, die mitten ins Quartier Latin führt.

Das Cabaret hat als Schild Marcellos Bild »Der Zug durch das Rote Meer«, aber darunter ist in großen Buchstaben gemalt

»Zum Hafen von Marseille«. An den Seiten der Tür sind auf den Putz ein Türke und ein Zuave gemalt mit einem riesigen Lorbeerkranz um den Fes herum. An der Wand des Cabarets, die in Richtung der Schranke liegt, ein Fenster zu ebener Erde, aus dem Licht scheint.

Die Platanen, die den Platz der Schranke umgeben, grau, hoch und in langen Reihen, teilen sich diagonal in Richtung auf die Boulevards. Zwischen Platane und Platane Marmorbänke. Es ist Ende Februar; überall liegt Schnee.

Beim Aufgehen des Vorhangs ist die Bühne in das vage Licht des ersten Morgengrauens getaucht. Vor einem Kohlenbecken sitzend dösen die Zöllner vor sich hin. Aus dem Cabaret in Abständen Schreie, Gläserklingen, Gelächter. Ein Zöllner kommt aus dem Cabaret mit Wein. Das Gitter der Schranke ist geschlossen. Hinter dem geschlossenen Gitter stehen einige Straßenkehrer, die vor Kälte mit den Füßen stampfen und sich in die erstarrten Hände hauchen.

STRASSENKEHRER
He da, Wachen! ... Öffnet! ... He da!
Die aus Gentilly! ... Wir sind die Straßenkehrer!
(Die Zöllner bleiben unbeweglich; die Straßenkehrer schlagen mit ihren Besen und Schaufeln gegen das Gitter, sie schreien und stampfen mit den Füßen.)
Es fällt Schnee ... He da! ... Hier erfriert man!

EIN ZÖLLNER *(erhebt sich schläfrig und reckt seine Arme)*
Ich komme!
(Er geht öffnen; die Straßenkehrer treten ein und entfernen sich in Richtung der Rue d'Enfer. Der Zöllner schließt das Gitter wieder.)

STIMMEN AUS DEM OFF *(aus dem Cabaret; sie begleiten den Gesang, indem sie mit den Bechern auf den Tisch schlagen)*
Wer beim Trinken Vergnügen fand,
in seinem Becher ach
fand er die Liebe
im brennenden Kuß eines Mundes!

MUSETTA *(aus dem Cabaret)*
Ach wenn das Vergnügen im Glase liegt,
bietet ein jugendlicher Mund die Liebe!
STIMMEN AUS DEM OFF *(aus dem Wirtshaus)*
Trallala
Eva und Noah!
(Sie brechen in lautes Gelächter aus.)
MILCHVERKÄUFERINNEN *(aus dem Off)*
Hoppla! Hoppla!
(Aus dem Wachhaus tritt der Sergeant der Zöllner! Er befiehlt, die Schranke zu öffnen.)
ZÖLLNER
Da sind schon die Milchverkäuferinnen!
FUHRLEUTE *(Klingeln von Glocken und Peitschenknallen; auf dem äußeren Boulevard fahren Fuhrwerke mit großen brennenden Stofflaternen zwischen den Rädern; aus dem Off)*
Hoppla!
MILCHVERKÄUFERINNEN *(ganz nahe)*
Hoppla!
(Der Nebel lichtet sich, und es beginnt Tag zu werden. Sie reiten auf kleinen Eseln auf die Bühne und rufen den Zöllnern, die sie kontrollieren und passieren lassen, zu.)
Guten Morgen!
BÄUERINNEN *(betreten die Bühne mit Henkelkörben; zu den Zöllnern)*
– Butter und Käse!
– Hühner und Eier!
(Sie bezahlen, und die Zöllner lassen sie passieren; auf der Wegkreuzung angekommen.)
– In welche Richtung geht ihr?
– Nach Saint-Michel!
– Treffen wir uns später?
– Am Mittag!
(Sie entfernen sich durch verschiedene Straßen. – Die Zöllner entfernen die Bänke und das Kohlenbecken. – Mimì kommt aus der Rue d'Enfer und blickt sich aufmerksam um, um die

Örtlichkeiten wiederzuerkennen; aber als sie bei der ersten Platane ankommt, packt sie ein heftiger Hustenanfall; als sie sich davon erholt hat und den Sergeanten sieht, geht sie auf ihn zu.)

MIMÌ *(zum Sergeanten)*

Verzeihung, können Sie mir sagen, welches das
Wirtshaus ist …
(erinnert sich nicht an den Namen)
wo ein Maler arbeitet?

SERGEANT *(zeigt auf das Cabaret)*

Dort ist es.

MIMÌ

Danke.
(Ein Dienstmädchen kommt aus dem Cabaret. Mimì nähert sich ihr.)
O gute Frau, erweisen Sie mir die Gunst,
den Maler Marcello für mich
zu suchen? Ich muß mit ihm sprechen. Ich habe es sehr eilig.
Sagen Sie ihm leise, daß Mimì ihn erwartet.
(Das Dienstmädchen geht ins Cabaret zurück.)

SERGEANT *(zu einer, die vorbeigeht)*

He, diesen Korb da!

ZÖLLNER *(nachdem er den Korb inspiziert hat)*

Leer!

SERGEANT

Geh weiter!
(Von der Schranke kommen andere Leute, und alle entfernen sich, die einen hierhin, die anderen dorthin. Die Glocken des Hospizes Sainte Marie-Thérèse läuten zur Frühmette. Es ist jetzt heller Tag, ein Wintertag, traurig und trübe. Aus dem Cabaret begeben sich einige Paare auf den Nachhauseweg.)

MARCELLO *(kommt aus dem Cabaret und erblickt überrascht Mimì)*

Mimì?!

MIMÌ

Ich bin es. Ich hoffte, dich hier zu finden.

MARCELLO

Es ist wahr. Wir sind seit einem Monat hier
auf Kosten des Wirts.
Musetta lehrt die jeweiligen Gäste das Singen;
ich male diese Krieger dort
auf die Fassade.
(Mimì hustet.)
Es ist kalt. Kommt herein.

MIMÌ

Ist Rodolfo dort?

MARCELLO

Ja.

MIMÌ

Dann kann ich nicht mit hineinkommen.

MARCELLO *(überrascht)*

Warum?

MIMÌ *(bricht in Weinen aus)*

O guter Marcello, Hilfe!

MARCELLO

Was ist geschehen?

MIMÌ

Rodolfo liebt mich. Rodolfo liebt mich,
flieht vor mir und verzehrt sich vor Eifersucht.
Ein Schritt, ein Wort,
eine Schmeichelei, eine Blume schüren sein Mißtrauen …
Daraus entstehen Verdruß und Zorn.
Manchmal tue ich nachts so, als ob ich schliefe,
und ich spüre ihn starr auf mich konzentriert,
um meine Träume in meinem Gesichtsausdruck
auszuspionieren.
Er schreit mich ständig an:
Du paßt nicht zu mir, nimm dir einen anderen Liebhaber.
Ach! Aus ihm spricht der innere Zorn;
ich weiß es, aber was soll ich ihm antworten, Marcello?

MARCELLO

Wenn es sich so mit euch verhält, lebt man nicht zusammen.

Ich falle Musetta nicht zur Last, und sie nicht
mir, weil wir uns mit aller Lustigkeit lieben …
Gesang und Lachen, das ist der Inbegriff
beständiger Liebe!

MIMÌ

Ihr habt recht. Es ist besser, uns zu trennen.
Helft ihr uns doch; wir haben es
des öfteren versucht, aber vergeblich.
Ihr macht es besser.

MARCELLO

Nun gut! Jetzt wecke ich ihn.

MIMÌ

Er schläft?

MARCELLO Er überfiel uns hier
eine Stunde vor Morgengrauen; er nickte
auf einer Bank ein.
(Er lädt Mimì mit einer Geste ein, durch das Fenster ins Cabaret zu sehen.)
Seht …
(Mimì hustet heftig. Er sagt mitleidig)
Was für ein Husten!

MIMÌ

Seit gestern fühle ich mich ganz zerschlagen.
Er floh heute nacht von mir,
wobei er sagte: Es ist zu Ende.
Bei Tagesanbruch bin ich losgegangen und
kam in diese Richtung.

MARCELLO *(beobachtet Rodolfo im Innern des Cabarets)*
Er wacht auf …
er erhebt sich, sucht mich … kommt.

MIMÌ

Er darf mich nicht sehen!

MARCELLO

Jetzt geht wieder nach Hause …
Mimì … um Himmels willen,
macht hier keine Szene!

(Stößt Mimì sanft zur Ecke des Cabarets, woher sie dennoch sofort neugierig den Kopf hervorstreckt. Marcello läuft Rodolfo entgegen.)

RODOLFO *(kommt aus dem Cabaret und läuft auf Marcello zu)*

Marcello. Endlich!
Hier hört uns niemand.
Ich will mich von Mimì trennen.

MARCELLO

Bist du so flatterhaft?

RODOLFO

Schon ein anderes Mal glaubte ich, mein Herz sei tot,
aber beim Glanz dieser blauen Augen
ist es wieder aufgelebt.
Jetzt überkommt es der Verdruß.

MARCELLO

Und du willst seine Beerdigung wiederholen?

(Mimì, die die Worte nicht hören kann, paßt den günstigen Augenblick ab und schafft es, sich unbeobachtet hinter eine Platane zu flüchten, in deren Nähe die beiden Freunde sprechen.)

RODOLFO

Für immer!

MARCELLO

Ändere den Tonfall.
Düster ist der Verrückten Liebe,
die Tränen mit sich bringt.
Wenn sie nicht lacht und strahlt,
ist die Liebe matt und rauh. Du bist eifersüchtig.

RODOLFO

Ein wenig.

MARCELLO

Cholerisch, launenhaft, durchdrungen
von Vorurteilen, langweilig, dickköpfig!

MIMÌ *(für sich)*

(Jetzt macht er ihn wütend! Ich Ärmste!)

RODOLFO *(mit ironischer Bitterkeit)*

Mimì ist ein Flittchen,

die mit allen herumtändelt. Ein Stutzer
von einem Vicomte
sieht sie schmachtend an.
Sie schwänzelt umher und entblößt den Knöchel
auf eine vielversprechende und lüsterne Art.

MARCELLO

Muß ich es sagen? Du erscheinst mir nicht aufrichtig.

RODOLFO

Nun gut, nein, ich bin es nicht. Vergeblich verberge ich
meine wahre Qual.
Ich liebe Mimì über alles auf der Welt.
Ich liebe sie, aber ich habe Angst, habe Angst!
Mimì ist so krank!
Jeden Tag wird sie schwächer.
Die arme Kleine ist verdammt!
Ein furchtbarer Husten
erschüttert die schmächtige Brust,
und ihre abgezehrten Wangen sind blutrot …
Mein Zimmer ist eine trostlose
Höhle … das Feuer ist erloschen.
Der Nordwind dringt herein und wirbelt umher.
Sie singt und lächelt,
und die Gewissensbisse quälen mich.
Mich, den Grund des verhängnisvollen Übels, das sie tötet!
Mimì ist eine Treibhausblume.
Armut hat sie welken lassen;
um sie ins Leben zurückzurufen, genügt die Liebe nicht!

MARCELLO

(überrascht)
Mimì?
Arme Mimì!
(Er möchte Rodolfo entfernen.)
Was soll man also tun?
O, welch ein Jammer!
Die Ärmste!
Arme Mimì!

MIMÌ *(für sich)*
Was will er sagen?
(weinend)
Ach, sterben!
(verzweifelt)
O mein Leben!
(ängstlich)
O weh! Es ist aus.
O mein Leben! Es ist vorbei.
O weh, sterben!
(Der Husten und heftiges Schluchzen verraten Mimìs Anwesenheit.)

RODOLFO
(sieht sie und läuft zu ihr hin)
Was? Mimì! Du hier?
Hast du mich gehört?

MARCELLO
Sie hörte also zu?

RODOLFO
Leicht in Angst zu versetzen,
ärgere ich mich wegen einer Nichtigkeit.
Komm dorthin in die Wärme!
(Er will sie veranlassen, ins Cabaret zu gehen.)

MIMÌ
Nein, diese schlechte Luft erstickt mich!

RODOLFO
Ach Mimì!
(Er umarmt Mimì liebevoll und herzt sie. – Aus dem Cabaret hört man das freche Lachen Musettas.)

MARCELLO
Das ist *Musetta*,
die lacht.
(Er läuft zum Fenster des Cabarets.)
Mit wem lacht sie da? Ah, das Flittchen!
Du wirst es noch kapieren.
(Er geht ungestüm ins Cabaret.)

MIMÌ
(löst sich von Rodolfo)
Leb wohl.
RODOLFO *(überrascht)*
Wie! Du gehst?
MIMÌ *(voll Zärtlichkeit)*
Woher ich fröhlich kam
bei deinem Schrei nach Liebe,
in dieses einsame Nest
kehrt nun Mimì allein zurück.
Noch einmal kehrt sie zurück,
um künstliche Blumen zu sticken.
Leb wohl, ohne Groll.
– Hör, hör mich an.
Leg die wenigen Kleider, die ich verstreut
zurückließ, zusammen. In meiner Schublade
sind eingeschlossen der kleine goldene Ring
und das Gebetbuch.
Wickle das alles in eine Schürze,
und ich werde den Hausmeister schicken …
– Paß auf, unter dem Kopfkissen
ist das rosa Häubchen.
Falls … du es … aufheben willst als Liebesandenken! …
Leb wohl ohne Groll.
RODOLFO
Also ist es wirklich aus?
Du gehst weg, du gehst weg, meine Kleine?!
Leb wohl, Liebestraum! …
MIMÌ
Leb wohl, süßes Erwachen am Morgen!
RODOLFO
Leb wohl, Leben wie ein Traum …
MIMÌ *(lächelnd)*
Lebt wohl, Vorwürfe und Eifersuchtsszenen!
RODOLFO
… die ein Lächeln von dir beschwichtigt!

MIMÌ
Lebt wohl Verdächtigungen! …
RODOLFO
Küsse …
MIMÌ
Quälende Bitterkeiten!
RODOLFO
Die ich als echter Dichter
auf Zärtlichkeiten reimen ließ!
MIMÌ UND RODOLFO
Alleinsein im Winter ist Anlaß zu sterben!
Allein! Im Frühling dagegen
gibt es die Sonne als Gefährten!
MIMÌ
Niemand ist im April allein.
RODOLFO
Man spricht mit Lilien und Rosen.
(im Cabaret Lärm von zerbrochenen Tellern und Gläsern)
MARCELLO *(von drinnen)*
Was tatest du, was sagtest du
am Feuer zu jenem Herrn?
MUSETTA *(von drinnen)*
Was willst du damit sagen?
(Sie kommt herausgelaufen.)
MARCELLO *(macht an der Tür des Cabarets Halt, zu Musetta gewendet)*
Als ich kam,
wechseltest du die Farbe.
MUSETTA *(in provozierender Haltung)*
Jener Herr sagte zu mir:
Tanzen Sie gern, mein Fräulein?
MARCELLO
Nutzloses, frivoles Flittchen!
MUSETTA
Errötend antwortete ich:
Ich könnte Tag und Nacht tanzen.

MIMÌ
Aus den Nestern hört man ein liebliches Gezwitscher …
MIMÌ UND RODOLFO
Wenn alles blüht im Frühling,
ist die Sonne Gefährte.
Es murmeln die Quellen,
die Abendbrise
streut Balsam auf das menschliche Leid.
Willst du, daß wir noch
den Frühling abwarten?
MARCELLO
Diese Redeweise birgt unehrenhafte Absichten.
MUSETTA
Ich will ganz frei sein!
MARCELLO *(stürzt sich gleichsam auf Musetta)*
Ich gehe dir ans Leder,
wenn ich dich beim Poussieren ertappe!
MUSETTA
Was schreist du mich an? Was säuselst du da?
Wir sind nicht kirchlich getraut.
MARCELLO
Paß auf, unter meinem Hut
ist kein Platz für gewisse Flausen …
MUSETTA
Ich verachte die Liebhaber,
die sich wie Ehemänner aufführen …
MARCELLO
Ich möchte nicht zum Gespött
von unbedarften Schürzenjägern werden.
MUSETTA
Ich bändle an, mit wem ich will!
MARCELLO
Unnützes, frivoles Flittchen!
MUSETTA
Es gefällt dir nicht? Nun gut, sei's drum,
aber Musetta geht weg.

MARCELLO

Ihr geht weg? Ich danke euch:
(ironisch) Jetzt bin ich reich geworden. Ich grüße euch.

MUSETTA

Musetta geht weg,
(ironisch) ja, sie geht! Ich grüße euch.
Lebt wohl, mein Herr!
Mit Vergnügen sag ich es.

MARCELLO

Euer Diener, und ich gehe!

MUSETTA *(entfernt sich schnell voller Wut, plötzlich bleibt sie stehen und schreit)*

Kneipenmaler!

MARCELLO *(mitten auf der Bühne, schreit)*

Giftschlange!

MUSETTA

Kröte!
(geht ab)

MARCELLO

Hexe!
(Er geht ins Cabaret.)

MIMÌ *(macht sich mit Rodolfo auf den Weg)*

Immer dein fürs Leben …

RODOLFO

Wir werden uns trennen …

MIMÌ

Wir werden uns trennen in der Jahreszeit der Blumen …

RODOLFO

… in der Jahreszeit der Blumen …

MIMÌ

Ich möchte, daß der
Frühling ewig währt!

MIMÌ UND RODOLFO *(aus dem Off, entfernen sich)*

Wir werden uns trennen in der Jahreszeit der Blumen!

Ende des dritten Bildes

VIERTES BILD

»… in jener Zeit waren die Freunde schon seit längerem Witwer. Musette war gleichsam eine offizielle Persönlichkeit geworden; – seit drei oder vier Monaten hatte sie Marcel nicht mehr getroffen.

Und so auch Mimi; – Rodolphe hatte von ihr nicht mehr sprechen hören außer durch sich selbst, wenn er allein war.

Eines Tages, als Marcel heimlich ein Band küßte, das Musette vergessen hatte, sah er, wie Rodolphe ein Häubchen versteckte – das rosa Häubchen – das Mimi vergessen hatte:

Nun gut! murmelte Marcel, er ist feige wie ich!

Fröhliches, schreckliches Leben! …«

Henri Murger

In der Dachstube
Dieselbe Szenerie wie im ersten Bild. Marcello steht noch vor seiner Staffelei, so wie Rodolfo an seinem Tisch sitzt; sie möchten sich gegenseitig davon überzeugen, daß sie unermüdlich arbeiten, während sie stattdessen nur miteinander schwatzen.

MARCELLO *(führt das Gespräch fort)*
In einem Coupé?
RODOLFO
Mit Zweiergespann und Livrée.
Sie grüßte mich lachend. Nanu, Musetta!
sagte ich zu ihr: – Und das Herz? –
»Es schlägt nicht oder ich fühle es nicht
dank dem Samt, der es bedeckt.«
MARCELLO *(zwingt sich zum Lachen)*
Das gefällt
mir wirklich!
RODOLFO *(für sich)*
(Du jesuitischer Heuchler, ach geh! Du verzehrst dich und lachst.)
(Er nimmt die Arbeit wieder auf.)

MARCELLO *(malt mit großen Pinselstrichen)*
Es schlägt nicht? Nun gut!
Ich sah meinerseits …
RODOLFO
Musetta?
MARCELLO
Mimì.
RODOLFO *(springt auf und hört auf zu schreiben)*
Du hast sie gesehen?
(Er nimmt sich zusammen.)
Oh, sieh mal einer an!
MARCELLO *(bricht die Arbeit ab)*
Sie war in einer Kutsche,
gekleidet wie eine Königin.
RODOLFO *(fröhlich)*
Sie soll leben!
Ich bin froh darüber.
MARCELLO *(für sich)*
(Lügner, er vergeht vor Liebe.)
RODOLFO
Arbeiten wir.
MARCELLO
Arbeiten wir.
(Sie nehmen die Arbeit wieder auf.)
RODOLFO *(wirft die Feder hin)*
Welch schändliche Feder!
(Immer noch im Sitzen und sehr nachdenklich.)
MARCELLO *(wirft den Pinsel hin)*
Welch schändlicher Pinsel!
(Er starrt auf sein Bild, dann zieht er, ohne daß Rodolfo es merkt, ein Seidenband hervor und küßt es.)
RODOLFO
O Mimì, du kommst nicht mehr zurück.
O schöne Tage, kleine Hände, duftendes Haar,
schneeweißer Hals!
Ach Mimì, meine kurze Jugend!

(Aus der Schublade des Tisches holt er Mimìs Häubchen.)
Und du, leichtes Häubchen,
das sie beim Weggehen unter Kissen versteckte,
du kennst unser ganzes Glück,
komm an mein Herz!
An mein totes Herz; die Liebe ist ja tot.)
(Er legt das Häubchen an sein Herz, dann wendet er sich in der Absicht, Marcello gegenüber seine Bewegung zu verbergen, an ihn und fragt ihn ungezwungen.)
Wie spät mag es sein?
Und Schaunard kommt nicht zurück?

MARCELLO

(Ich weiß nicht, wie es kommt,
daß mein Pinsel arbeitet
und gegen meinen Willen
Farben mischt.
Wenn ich Himmel oder Erde oder den Winter
oder den Frühling malen möchte,
zeichnet er zwei schwarze Augen
und einen aufreizenden Mund,
und es kommt noch einmal
Musettas Gesicht heraus …
Und es kommt Musettas
Gesicht heraus, das ganz Liebreiz und ganz Betrug ist.
Musetta genießt derweil das Leben,
und mein elendes Herz ruft sie,
und mein elendes Herz wartet auf sie …)
(In Gedanken versunken fährt er bei Rodolfos Worten auf und antwortet ihm gut gelaunt.)
Die Zeit des gestrigen Mittagessens.
(Schaunard und Colline treten ein, der erstere trägt vier Brotlaibe, der andere eine Tüte.)

SCHAUNARD

Da sind wir.

RODOLFO

Ja und?

MARCELLO
Ja und?
(Schaunard legt die Brotlaibe auf den Tisch. Mit Verachtung)
Brot?
COLLINE *(öffnet die Tüte und zieht einen Hering heraus, den er auf den Tisch legt)*
Das ist ein dem Demosthenes würdiges Mahl:
Ein Hering …
SCHAUNARD
… gesalzen.
COLLINE
Das Mittagessen ist auf dem Tisch.
(Sie setzen sich an den Tisch und tun so, als seien sie bei einem üppigen Essen.)
MARCELLO
Das ist das Schlaraffenland
am Karnevalsdonnerstag.
SCHAUNARD *(legt Collines Hut auf den Tisch und stellt eine Flasche Wasser hinein)*
Nun stellen wir den
Champagner ins Eis.
RODOLFO *(zu Marcello, bietet ihm Brot an)*
Wählen Sie, Baron,
Forelle oder Lachs?
MARCELLO *(dankt, greift zu, wendet sich dann an Schaunard und offeriert ihm einen Bissen Brot)*
Herzog, eine
Papageienzunge?
SCHAUNARD *(lehnt höflich ab, gießt ein Glas Wasser ein und reicht es dann Marcello; das einzige Glas wandert von einem zum anderen. Colline, der in großer Eile sein Brot hinuntergeschlungen hat, erhebt sich)*
Danke, das macht dick.
Heute abend habe ich einen Ball.
RODOLFO *(zu Colline)*
Schon satt?

COLLINE *(gewichtig und würdevoll)*
Ich habe es eilig.
Der König erwartet mich.
MARCELLO *(beflissen)*
Gibt es eine Intrige?
RODOLFO
Irgendein Geheimnis?
SCHAUNARD *(erhebt sich, nähert sich Colline und sagt zu ihm mit komischer Neugierde)*
Irgendein Geheimnis?
MARCELLO
Irgendein Geheimnis?
COLLINE *(stolziert wie ein Pfau einher mit wichtigtuerischer Miene)*
Der König ernennt mich
zum Minister.
RODOLFO, SCHAUNARD UND MARCELLO *(umgeben Colline und verbeugen sich tief)*
Toll!
COLLINE *(mit gönnerhafter Miene)*
Jedoch …
ich werde … Guizot sehen!
SCHAUNARD *(zu Marcello)*
Reich mir den Becher.
MARCELLO *(gibt ihm das einzige Glas)*
Ja, trink, ich schlemme!
SCHAUNARD *(feierlich, springt auf einen Stuhl und hebt den Becher)*
Es sei mir gestattet, der edlen Versammlung …
RODOLFO UND COLLINE
(unterbrechen ihn)
Genug!
MARCELLO
Schwächling!
COLLINE
Welch ein Aufguß!

MARCELLO
Hau ab!

COLLINE
(nimmt Schaunard das Glas aus der Hand)
Gib mir das Glas!

SCHAUNARD *(macht den Freunden ein Zeichen, ihn fortfahren zu lassen; inspiriert)*
Mich inspiriert unwiderstehlich
der poetische Schwung der Romanze!

DIE ANDEREN *(heulen auf)*
Nein!

SCHAUNARD *(nachgiebig)*
Dann eben eine choreographische
Handlung? …

DIE ANDEREN *(applaudierend umgeben sie Schaunard und bringen ihn dazu, vom Stuhl herunterzusteigen)*
Ja! Ja! …

SCHAUNARD
Der Tanz
mit Vokalmusik!

COLLINE
Man räume die Säle …
(Sie tragen den Tisch und die Stühle auf eine Seite und stellen sich zum Tanz auf.)
Gavotte.

MARCELLO *(verschiedene Tänze werden vorgeschlagen)*
Menuett.

RODOLFO
Pavanella.

SCHAUNARD *(führt den spanischen Tanz vor)*
Fandango.

COLLINE
Ich schlage die Quadrille vor.
(Die anderen stimmen zu.)

RODOLFO *(gut gelaunt)*
Reicht den Damen die Hand.

COLLINE
Ich übernehme das Kommando.
(Er tut sehr bemüht, die Quadrille zu ordnen.)
SCHAUNARD *(improvisierend schlägt er den Takt mit großer, komischer Wichtigtuerei)*
Lallera, lallera, lallera, là.
RODOLFO *(nähert sich Marcello, macht eine tiefe Verbeugung und bietet ihm die Hand)*
Reizendes Fräulein …
MARCELLO *(sittsam, eine Frauenstimme imitierend)*
Respektieren Sie den Anstand.
(mit natürlicher Stimme)
Ich bitte Sie darum.
SCHAUNARD
Lallera, lallera, lallera, là.
COLLINE *(ordnet die Figuren)*
Balancez!
(Rodolfo und Marcello tanzen die Quadrille.)
MARCELLO
Lallera, lallera, lallera.
SCHAUNARD *(provozierend)*
Zuerst kommt das Rond.
COLLINE *(provozierend)* Nein, du Hornochse!!
SCHAUNARD *(mit übertriebener Verachtung)*
Ein Benehmen wie ein Lakai!
(Rodolfo und Marcello tanzen weiter.)
COLLINE *(beleidigt)*
Wenn ich mich nicht irre,
beleidigen Sie mich.
Ziehen Sie den Degen.
(Er läuft zum Kamin und ergreift die Feuerzange.)
SCHAUNARD *(nimmt die Kohlenschaufel vom Kamin)*
En garde.
(Er stellt sich in Kampfposition.)
Schmecke meine Waffe.
Dein Blut will ich trinken.

COLLINE

(tut es ihm gleich)

Einer von uns wird hier aufgeschlitzt.

(Rodolfo und Marcello hören auf zu tanzen und lachen sich kaputt.)

SCHAUNARD

Stellt eine Bahre bereit.

COLLINE

Bereitet einen Friedhof vor.

(Schaunard und Colline schlagen sich.)

RODOLFO UND MARCELLO *(fröhlich)*

Während der
Kampf tobt,
kreist und hüpft
der Rigaudon.

(Sie tanzen um die Duellanten herum, die so tun, als würden sie immer wilder. – Die Tür geht auf, und Musetta tritt in großer Erregung ein.)

MARCELLO

(erblickt sie)

Musetta!

MUSETTA

(keuchend)

Da ist Mimì …

(Sie umringen Musetta in großer Angst.)

Da ist Mimì, sie folgt mir, und es geht ihr schlecht.

RODOLFO

Wo ist sie?

MUSETTA

Beim Treppensteigen
konnte sie nicht mehr.

(Durch die offene Tür sieht man Mimì auf der höchsten Stufe der Treppe sitzen.)

RODOLFO

Ach!

(Er stürzt zu Mimì; auch Marcello eilt hinzu.)

SCHAUNARD *(zu Colline)*
Wir rücken
das Bett näher heran.
(Beide tragen das Bett nach vorn.)
RODOLFO *(Mit Marcellos Hilfe trägt er Mimì zum Bett.)*
Dort.
(leise zu den Freunden)
Etwas zu trinken.
(Musetta eilt mit einem Glas Wasser herbei und gibt Mimì einen Schluck.)
MIMÌ *(sehr leidenschaftlich)*
Rodolfo!
RODOLFO *(legt Mimì auf das Bett)*
Still, ruhe dich aus.
MIMÌ *(umarmt Rodolfo)*
O mein Rodolfo!
Willst du mich hier bei dir lassen?
RODOLFO
Ach, meine Mimì,
immer immer!
(Er überredet Mimì, sich auf dem Bett auszustrecken, breitet über sie die Decke und legt mit großer Sorgfalt das Kissen unter ihrem Kopf zurecht.)
MUSETTA
(zieht die anderen beiseite und sagt zu ihnen mit gedämpfter Stimme)
Ich erfuhr, daß es mit Mimì nach ihrer Flucht von
dem kleinen Vicomte zu Ende gehe.
Wo mochte sie sein? Ich suchte und suchte ... ich sehe sie
auf der Straße vorbeigehen,
sich mit Mühe dahinschleppend.
Sie sagt mir: »Ich kann mich nicht mehr aufrecht halten ...
Ich sterbe! Ich fühle es ...
(Erregt hebt sie die Stimme, ohne dessen gewahr zu werden.)
Ich will bei ihm sterben! Vielleicht wartet er auf mich ...
Begleitest du mich, Musetta? ...«

MARCELLO *(macht ein Zeichen, leise zu sprechen, und Musetta begibt sich in größere Entfernung von Mimì)*
Psst.

MIMÌ
Ich fühle mich viel besser …
gestatte, daß ich mich umsehe.
(mit süßem Lächeln)
Ach wie gut man sich hier fühlt!
Man lebt wieder auf, noch fühle ich hier das Leben …
(erhebt sich ein wenig und umarmt Rodolfo erneut)
Nein! Du verläßt mich nicht mehr!

RODOLFO
Gesegneter Mund,
du sprichst noch zu mir!

MUSETTA *(beiseite zu den anderen)*
Was habt ihr im Haus?

MARCELLO
Nichts!

MUSETTA
Keinen Kaffee? Keinen Wein?

MARCELLO *(sehr kummervoll)*
Nichts! Ach, dieses Elend!

SCHAUNARD *(nachdem er Mimì vorsichtig beobachtet hat, traurig zu Colline, ihn beiseite ziehend)*
In einer halben Stunde ist sie tot!

MIMÌ
Mir ist so kalt! …
Wenn ich doch einen Muff hätte! Können denn
diese meine Hände niemals warm werden?
(Sie hustet.)

RODOLFO *(nimmt Mimìs Hände in die seinen und wärmt sie)*
Hier in meinen Händen! Schweig still!
Das Sprechen ermüdet dich.

MIMÌ
Ich habe ein wenig Husten!
Daran bin ich gewöhnt.

(Als sie Rodolfos Freunde sieht, ruft sie sie beim Namen; sie eilen eifrig zu ihr.)
Guten Tag, Marcello,
Schaunard, Colline ... guten Tag.
(lächelt) Alle sind hier, alle hier
und lächeln Mimì zu.

RODOLFO
Sprich nicht, sprich nicht.

MIMÌ
Ich spreche leise,
hab keine Angst, Marcello,
(gibt ihm ein Zeichen, sich zu nähern)
hört auf mich: Musetta ist ein sehr guter Mensch.

MARCELLO
Ich weiß, ich weiß.
(Er reicht Musetta die Hand. – Schaunard und Colline entfernen sich traurig; Schaunard sitzt am Tisch, das Gesicht zwischen den Händen; Colline bleibt nachdenklich stehen.)

MUSETTA *(führt Marcello von Mimì weg; sie nimmt ihre Ohrringe ab und reicht sie ihm, wobei sie ihm leise sagt)*
Für dich, kaufe, bringe
irgendein Herzmittel mit, schicke einen Doktor! ...

RODOLFO
Sie ruht.

MIMÌ
Du verläßt mich nicht?

RODOLFO
Nein! Nein!
(Mimì schläft allmählich ein; Rodolfo nimmt einen Lehnstuhl und setzt sich an das Bett. – Marcello will losgehen; Musetta hält ihn zurück und führt ihn von Mimì fort.)

MUSETTA
Höre!
Vielleicht ist es das letzte Mal,
daß sie einen Wunsch geäußert hat, die Ärmste!
Ich besorge den Muff. Ich komme mit dir.

MARCELLO *(bewegt)*
Du bist ein guter Mensch, meine Musetta.
(Musetta und Marcello gehen eilig weg.)

COLLINE *(während Musetta und Marcello sprachen, hat er sich den schweren Mantel ausgezogen; mit zunehmender Bewegung)*
Alter Mantel, höre,
ich bleibe unten, du mußt
ins Pfandhaus hinaufgehen.
Empfange meinen Dank.
Niemals beugtest du den abgetragenen
Rücken vor den Reichen und Mächtigen.
In deinen Taschen weilten
wie in stillen Höhlen
Philosophen und Dichter.
Jetzt da die frohen Tage
vorbei sind, sage ich dir: Leb wohl,
mein treuer Freund.
Leb wohl, leb wohl.
(Colline macht aus dem Mantel ein Paket und legt ihn sich über den Arm, aber als er Schaunard sieht, nähert er sich ihm, schlägt ihm auf die Schulter und sagt traurig.)
Schaunard, vollbringen wir jeder auf eine andere Weise
(Schaunard hebt den Kopf.)
zusammen zwei Akte der Barmherzigkeit;
ich ... diesen!
(Er zeigt ihm den Mantel, den er unter dem Arm hält.)
Und du ...
(zeigt auf Rodolfo, der über die schlafende Mimì gebeugt ist)
laß sie da allein! ...

SCHAUNARD *(steht auf, bewegt)*
Philosoph, du hast recht!
(blickt zum Bett)
Es ist wahr! ... Ich gehe weg!
(Er blickt umher, und um seinen Weggang zu rechtfertigen, nimmt er die Wasserflasche und geht hinter Colline nach unten, wobei er vorsichtig die Tür schließt.)

MIMÌ *(öffnet die Augen, sieht, daß alle gegangen sind, und streckt die Hand nach Rodolfo aus, der sie ihr voller Liebe küßt)*
Sind sie gegangen? Ich tat so, als ob ich schliefe,
weil ich mit dir allein bleiben wollte.
Ich habe so viele Sachen, die ich dir sagen will,
oder nur eine, aber groß wie das Meer,
tief und unendlich wie das Meer …
(legt die Arme um Rodolfos Hals)
Du bist meine Liebe und mein ganzes Leben!

RODOLFO
Ach Mimì!
Meine schöne Mimì!

MIMÌ *(läßt die Arme fallen)*
Bin ich noch schön?

RODOLFO
Schön wie eine Morgenröte.

MIMÌ
Du hast dich bei dem Vergleich geirrt.
Du wolltest sagen: Schön wie ein Sonnenuntergang.
»Man nennt mich Mimì,
warum, weiß ich nicht …«

RODOLFO
(gerührt und voller Zärtlichkeit)
Ins Nest kehrte die Schwalbe zurück und zwitschert.
(Er zieht von dort, wo er es verwahrt hatte, vom Herzen, Mimìs Häubchen hervor und reicht es ihr.)

MIMÌ *(fröhlich)*
Mein Häubchen …
Ach!
(Sie hält Rodolfo ihren Kopf hin; dieser setzt ihr das Häubchen auf. Mimì läßt Rodolfo sich neben sie setzen und verharrt, ihren Kopf auf seine Brust gestützt.)
Erinnerst du dich, als ich zum ersten Mal
hereinkam, dort?

RODOLFO
Daran erinnere ich mich!

MIMÌ
Das Licht war erloschen …
RODOLFO
Du warst so durcheinander!
Dann verlorst du den Schlüssel …
MIMÌ
Und du begannst ihn
tastend zu suchen! …
RODOLFO
… und ich suchte und suchte …
MIMÌ
Mein schönes Herrchen,
jetzt kann ich es wohl sagen:
Sie fanden ihn sehr schnell …
RODOLFO
Ich half dem Schicksal nach …
MIMÌ *(erinnert sich an ihre Begegnung mit Rodolfo am Heiligen Abend)*
Es war dunkel; und mein Erröten sah man nicht …
(Sie flüstert Rodolfos Worte.)
»Wie eiskalt ist das Händchen …
lassen Sie es mich wärmen! …«
Es war dunkel,
und du nahmst meine Hand …
(Mimì bekommt einen Erstickungsanfall und läßt den Kopf erschöpft zurückfallen.)
RODOLFO *(stützt sie voller Angst)*
O Gott! Mimì!
(In diesem Augenblick kehrt Schaunard zurück; bei Rodolfos Schrei eilt er zu Mimì.)
SCHAUNARD Was ist?
MIMÌ *(öffnet die Augen und lächelt, um Rodolfo und Schaunard zu beruhigen)*
Nichts. Mir geht es gut.
RODOLFO *(bettet sie auf das Kopfkissen)*
Ruhig, um Gottes willen.

MIMÌ

Ja, ja, verzeih,
jetzt werde ich brav sein.
(Musetta und Marcello kommen vorsichtig herein; Musetta trägt einen Muff und Marcello ein Fläschchen.)

MUSETTA *(zu Rodolfo)*

Schläft sie?

RODOLFO *(nähert sich Marcello)*

Sie ruht.

MARCELLO

Ich habe den Doktor gesehen!
Er kommt; ich habe ihn zur Eile angetrieben.
Hier ist das Herzmittel.
(Er nimmt eine Spirituslampe, stellt sie auf den Tisch und zündet sie an.)

MIMÌ

Wer spricht?

MUSETTA

(nähert sich Mimì und reicht ihr den Muff)
Ich, Musetta.

MIMÌ *(richtet sich mit Musettas Hilfe im Bett auf und nimmt mit gleichsam kindlicher Freude den Muff)*

O wie schön und weich er ist! Meine
Hände werden nicht mehr blaugefroren sein.
Die Wärme wird sie schön machen …
(zu Rodolfo)
Bist du es,
der ihn mir schenkt?

MUSETTA *(schnell)*

Ja.

MIMÌ *(streckt eine Hand nach Rodolfo aus)*

Du Leichtsinniger!
Danke. Aber er wird teuer sein.
(Rodolfo bricht in Schluchzen aus.)
Du weinst? Mir geht es gut …
Warum weinst du so sehr?

(Sie legt die Hände in den Muff; sie schlummert ein und beugt wie im Schlaf graziös den Kopf auf den Muff.)
Hier ... meine Liebe ... immer bei dir!
Die Hände ... im Warmen ... und ... schlafen.
(Stille)

RODOLFO *(beruhigt, als er sieht, daß Mimì eingeschlafen ist; er entfernt sich vorsichtig von ihr, macht ein Zeichen, daß die anderen keinen Lärm machen sollen und nähert sich Marcello)*
Was hat der Arzt gesagt?

MARCELLO
Er kommt.

MUSETTA *(macht die Medizin, die Marcello gebracht hat, auf dem Spirituskocher warm und murmelt gleichsam unbewußt ein Gebet. – Rodolfo, Marcello und Schaunard sprechen sehr leise miteinander; von Zeit zu Zeit macht Rodolfo einige Schritte in Richtung des Bettes, um Mimì zu überwachen, dann kehrt er zu den Freunden zurück.)*
Gebenedeite Madonna,
tue dieser Armen die Gnade an,
daß sie nicht sterben muß.
(unterbricht sich, zu Marcello)
Hier braucht man einen Schutz,
weil die Flamme flackert.
(Marcello nähert sich und stellt ein Buch hochkant auf den Tisch, das einen Schirm für die Lampe bildet.)
Ja, so.
(nimmt das Gebet wieder auf)
Und daß sie gesund werden kann.
Heilige Madonna,
ich bin der Vergebung unwürdig,
wohingegen Mimì
ein Engel vom Himmel ist.
(Während Musetta betet, hat sich Rodolfo ihr genähert.)

RODOLFO
Ich hoffe noch. Scheint es euch
schlimm zu stehen?

MUSETTA
Ich glaube nicht.

SCHAUNARD *(auf den Zehenspitzen geht er Mimì beobachten, macht eine schmerzliche Geste und kehrt zu Marcello zurück; mit unterdrückter Stimme)*
Marcello, sie ist gestorben …
(Inzwischen hat Rodolfo bemerkt, daß die Sonne dabei ist, durch das Fenster der Dachstube auf Mimìs Gesicht zu scheinen, und er sucht herum, wie er einen Schutz aufstellen könnte; Musetta bemerkt das und zeigt ihm ihre Mantilla, springt auf einen Stuhl und prüft, auf welche Art und Weise sie an das Fenster gehängt werden kann. – Marcello nähert sich seinerseits dem Bett und tritt erschrocken zur Seite; inzwischen kommt Colline herein und legt Geld auf den Tisch neben Musetta.)

COLLINE
Musetta, für euch!
(Dann, als er sieht, daß es Rodolfo allein nicht gelingt, die Mantilla zu plazieren, läuft er, um ihm zu helfen, und fragt ihn nach Mimì.)
Wie geht es ihr? …

RODOLFO
Siehst du? … Sie ist ruhig.
(Er wendet sich zu Mimì; gerade in diesem Moment zeigt ihm Musetta an, daß die Medizin fertig ist; er steigt vom Lehnstuhl herab, aber als er zu Musetta eilt, bemerkt er das merkwürdige Benehmen von Marcello und Schaunard. – Mit vor Erschütterung erstickter Stimme)
Was bedeutet
dieses Hin- und Hergeben,
dieser Blick, den ihr auf mich richtet …

MARCELLO *(hält nicht mehr an sich, läuft zu Rodolfo und ruft mit angsterfüllter Stimme, während er ihn umarmt)*
Nur Mut!

RODOLFO *(stürzt zu Mimìs Bett, hebt sie auf, schüttelt sie und schreit in größter Verzweiflung, weinend)*

Mimì … Mimì! …

(Er wirft sich über Mimìs toten Körper. – Musetta läuft entsetzt zum Bett, stößt einen angstvollen Schrei aus, fällt auf die Knie und weint zu Mimìs Füßen auf der Rodolfo gegenüberliegenden Seite. Schaunard läßt sich niedergeschlagen auf einen Stuhl auf der linken Seite der Bühne fallen. Colline geht zum Fußende des Bettes und verharrt dort, erschreckt von der Schnelligkeit der Katastrophe. Marcello schluchzt mit dem Rücken zum Publikum.)

Ende der Oper

ATELIER VON PICASSO, UM 1943

15. JAHRHUNDERT Die ersten Zigeuner tauchen in Frankreich auf. Sie werden von den Franzosen als *bohémiens*, *bohèmes* oder *bohêmes* bezeichnet, da man vermutet, das sie aus Böhmen kommen. *Vie de bohème* wird in der Folge zu einem Ausdruck für liederliche Sitten. Dies ändert sich erst im 18. Jahrhundert, als mit der Verbreitung Rousseau'schen Gedankengutes in Europa Schriftsteller und ihr Publikum anfangen, den pittoresken Reiz des »Zigeunerlebens« für sich zu entdecken. Eine positive Umdeutung des Begriffs *bohème* beginnt.

1686 Im Quartier Latin wird das erste Pariser Café, *Le Procope*, eröffnet. Ohne die Institution des Künstlercafés ist das Phänomen der Bohème nicht vorstellbar, es ist ihr zentraler Ort, dient als Treffpunkt und als Bühne. Folgerichtig wirbt das *Procope* auch mit dem Spruch *Rendez-vous des Arts et des Lettres*. Im 19. Jahrhundert zählen neben vielen anderen Victor Hugo, Alfred de Musset, George Sand, Honoré de Balzac, Théophile Gautier, Paul Verlaine, Emile Zola, Joris Karl Huysmans, Guy de Maupassant und Paul Cézanne zu den Stammgästen.

1822 Henri Murger wird geboren.

UM 1835 Unter dem Bürgerkönig Louis-Philippe wandelt sich in Frankreich die Bedeutung des Begriffes *bohème*. Er bezeichnet nun nicht mehr das fahrende Volk, sondern die jungen Leuten aus der mittleren, gutbürgerlichen, manchmal sogar großbürgerlichen Schicht, die sich bewusst für einen unbürgerlichen Lebensstil entschieden haben.

1840 In Paris erscheint Honoré de Balzacs Novelle *Les Fantaisies de Claudine*, 1845 in einer veränderten Fassung unter dem Titel *Un Prince de la Bohème* publiziert.

1845 Im März erscheint die erste Folge von Henri Murgers Feuilletonerzählung *Scènes de la Bohème* in der von Gérard de Nerval herausgegebenen Pariser Zeitschrift *Le Corsaire-Satan*. Der auch finanzielle Erfolg beendet Murgers eigene Zeit als Bohémien, in der er sich mit Beiträgen für eine Kinderzeitung und Boulevardkomödien über Wasser hielt und in seinem abgetragenen gelben Mantel eine legendäre Gestalt in den Cafés des Quartier Latins war.

Im selben Jahr erscheint Alfred de Mussets Erzählung *Mademoiselle Mimi Pinson, profil de grisette* in *Le Diable à Paris. Paris et les Parisiens, mœurs et coutumes, caractères et portraits des habitants de Paris*, auf die Murgers Romanfigur Mimì zurückgeht.

1847 Am 21. November wird Giuseppe Giacosa in Colleretto Parella bei Turin geboren.

1849 Im April erscheint die letzte Folge von Henri Murgers *Scènes de la Bohème*. Eine von Henri Murger und Théodore Barrière erarbeitete Bühnenversion wird am 22. November unter dem Titel *La Vie de Bohème* im Théâtre des Variétés in Paris uraufgeführt.

1851 Murger bringt auf Anraten seines Verlegers Lévy eine umgearbeitete Romanfassung seiner Feuilletonerzählung unter dem Titel *Scènes de la Vie de Bohème* heraus. Noch im selben Jahr erscheint auch eine deutsche Übersetzung.

1857 Am 9. Juli wird Luigi Illica in Castell'Arquato bei Piacenza geboren.

1858 Am 22. Dezember kommt Giacomo Antonio Domenico Michele Secondo Maria Puccini als fünftes Kind von Michele Puccini und seiner Frau Albina, geb. Magi, in Lucca, Via di Poggio 30, zur Welt. Der Vater ist als Organist und Chordirigent an der Kathedrale von San Martino tätig.

1860 Im Pariser Stadtteil Montmartre wird das Künstler-Cabaret *Le Lapin Aigle* eröffnet. In den zwanziger Jahren wird es zum Geburtsort des Kubismus; Pablo Picasso, Georges Braque, Amedeo Modigliani, Guillaume Apollinaire und Max Jacob werden später dort verkehren.

1861 Henri Murger stirbt an Tuberkulose.

1863 Der inzwischen fünfjährige Giacomo Puccini erhält bei seinem Vater ersten Unterricht im Orgelspiel.

1864 Am 23. Januar stirbt Michele Puccini und lässt die Familie in finanziell schwierigen Verhältnissen zurück. Puccinis Onkel Fortunato Magi, ebenfalls Organist, sorgt für die weitere musikalische Ausbildung des Jungen.

1865 Am Pariser Boulevard St.-Germain wird das *Café de Flore* eröffnet. Hier werden Guillaume Apollinaire und seine Freunde die Zeitschrift *Les Soirées de Paris* gründen, Pablo Picasso und Marc Chagall um die Wette zeichnen und Jean-Paul Sartre und Simone de Beauvoir ihre Romane schreiben.

1868 Puccini wird Chorknabe in San Martino und San Michele. Als Organist an mehreren Kirchen Luccas trägt er schon früh zum finanziellen Unterhalt der Familie bei.

In Paris werden die *Folies-Bergères*, das berühmteste aller *café-concerts*, eröffnet.

1874 Nach Abschluss der Schule setzt Puccini seine musikalische Ausbildung am Istituto Pacini in Lucca bei Carlo Angeloni, einem Schüler seines Vaters, fort. Dort entstehen erste Kompositionen.

In Paris findet die erste gemeinsame Ausstellung einer Künstlergruppe um Claude Monet statt. Nach Monets Gemälde *Impression soleil levant* nennt man sie »Impressionisten«. Ihr Ziel ist es, in ihren Bildern einen flüchtigen Eindruck des Lebens wiederzugeben.

1875 Das *Café les Deux Magots* am Pariser Boulevard St.-Germain wird eröffnet. Hier werden Paul Verlaine, Arthur Rimbaud und Stéphane Mallarmé ein und aus gehen, Oscar Wilde jeden Morgen frühstücken und später Louis Aragon, André Breton und Philippe Soupault ihre surrealistischen Manifeste verfassen.

1876 Der Besuch einer Aufführung von Giuseppe Verdis *Aida* am 11. März in Pisa lässt in Puccini den Wunsch reifen, selbst Opernkomponist zu werden: »Als ich in Pisa die *Aida* gehört hatte, spürte ich, dass ein musikalisches Fenster für mich aufgegangen war.«

1878 In der Kirche San Paolino werden am 12. Juli erstmals Kompositionen von Puccini öffentlich aufgeführt. Es handelt sich um ein Credo für Solostimmen, Chor und Orchester und eine Motette für vier Stimmen.

1880 Puccini schließt sein Studium am Istituto Pacini in Lucca erfolgreich ab. Dank eines Stipendiums der italienischen Königin und der finanziellen Unterstützung seines Großonkels kann er ein Studium am Conservatorio Reale in Mailand anschließen. Unter seinen dortigen Lehrern sind Amilcare Ponchielli und Nantonio Bazzini. Während des Studiums entstehen verschiedene kleinere Werke, darunter ein Streichquartett in D-Dur und Lieder nach Gedichten von Antonio Ghislanzoni und Felice Romani.

In einem 1904 gegebenen Interview erzählt Puccini über seine Mailänder Zeit: »Wenn Sie den Vorhang zum ersten Akt von *La Bohème* aufgehen sehen, erleben Sie den armen Musikstudenten Giacomo Puccini des Mailänder Konservatoriums … Als ich Henry Murgers Roman *La Vie de Bohème* als Grundlage für einen Operntext auswählte, beauftragte ich Illica, den Verfasser des Librettos, die Szenerie genau nach meiner Beschreibung jenes dürftigen Zimmers zu gestalten, in dem ich als Student des Mailänder Konservatoriums gewohnt hatte. Jedes Mal, wenn ich *La Bohème* höre, sehe ich im Geist jene traurige Aussicht vor mir – jene öden Kamine und den ganzen Schmutz, der meine Jugend vergiftete. Ich ernährte mich von Brot, Bohnen und Heringen und fror manchmal so sehr, dass ich tatsächlich, wie Rodolfo in der Oper, die Manuskripte meiner ersten Kompositionsversuche verbrannte, um mich zu wärmen … Ich sehnte mich nach all den schönen Dingen, die mir so gänzlich fehlten.« In Wirklichkeit war Puccini kein Bohémien wie seine Opernfiguren. Er trieb sich zwar in der Galleria Vittoria Emanuele mit den berühmten Künstlercafés *Biffi* und *Stoker* herum; wie seine Briefe belegen, standen für ihn während seiner Mailänder Zeit seine Mutter und sein Studium im Vordergrund.

1883 Puccini beendet im Juni sein Studium am Konservatorium. Die öffentliche Uraufführung seiner Abschlussarbeit, des *Capriccio sinfonico*, am 14. Juli unter der musikalischen Leitung von Franco Faccio ist ein großer Erfolg. Später wird er Teile daraus für die Einleitung seiner *Bohème* verwenden.

1884 Am 31. Mai wird Puccinis erste Oper *Le Willis* – in der am 26. Dezember in Turin erstaufgeführten zweiaktigen Fassung wird sie *Le Villi* heißen – im Teatro dal Verme in Mailand uraufgeführt. Das Libretto stammt von Ferdinando Fontana. Puccini hatte den Einakter für einen Wettbewerb des renommierten Musikverlags Sonzogno komponiert, das Werk war jedoch unbeachtet geblieben. Im Gegensatz dazu ist die von verschiedenen Förderern Puccinis, darunter Arrigo Boito und Marco Sala, ermöglichte Uraufführung ein sensationeller Erfolg und macht unter anderem den Musikverleger Giulio Ricordi, mit dem Puccini später eine lange Freundschaft verbinden wird, auf das junge Talent aufmerksam. Ricordi verlegt *Le Willis* und fordert Puccini auf, eine weitere Oper zu schreiben: *Edgar* nach *La Coupe des lèvres* von Alfred de Musset.

Am 17. Juli, kurz nach der Vertragsunterzeichnung mit Ricordi, stirbt Puccinis Mutter, die ihn trotz der finanziellen Sorgen der Familie stets darin bestärkt hatte, Komponist zu werden.

In Paris thematisiert der Dichter Paul Verlaine in einer Artikelserie mit dem Titel *Poètes maudits* die radikale Außenseiterrolle des modernen Lyrikers und schreibt damit Murgers Sozialgeschichte der Bohème bis in seine eigene Zeit fort.

1886 Mit *Le Villi* in Buenos Aires wird erstmals eine Oper Puccinis außerhalb Italiens aufgeführt.

Mitte des Jahres verlässt die hochschwangere Elvira Bonturi-Gemignani, mit der Puccini seit 1884 eine Affäre hat, ihren Mann und kommt mit ihrer Tochter Fosca zu Puccini nach Mailand. Am 22. Dezember wird der gemeinsame Sohn Antonio geboren.

1888 Puccini komponiert das Lied *Solfeggi* und die *Mattina* – ein Morgenständchen – *Sole e amore* für Gesang und Klavier. Das kurze Lied *Sole e amore* enthält das Quartett-Thema des dritten *Bohème*-Bildes.

1889 Die Uraufführung von Puccinis *Edgar* am 21. April an der Mailänder Scala wird eher kühl aufgenommen. Schon nach zwei weiteren Aufführungen verschwindet die Oper vom Spielplan.

1890 Puccini schreibt ein Streichquartett mit dem Titel *I Crisantemi*, eine seiner wenigen Gelegenheitskompositionen; zwei Themen daraus verwendet er später im Schlussbild seiner Oper *Manon Lescaut*.

1891 Puccini lässt sich in einem kleinen Häuschen in Torre del Lago am See von Massaciuccoli nieder. Später baut er sich dort seine eigene Villa. Hier werden in den folgenden Jahren die meisten seiner Werke entstehen.

1892 Puccini arbeitet intensiv an *Manon Lescaut*. An der schwierigen Entstehung des Librettos sind neben Puccini selbst nacheinander Ruggero Leoncavallo, Marco Praga, Domenico Oliva, Giuseppe Giacosa, Giovanni Illica und schließlich auch Giulio Ricordi beteiligt.

In einem im Juli geschriebenen Brief von Ricordi an Puccini ist erstmals die Rede vom nächsten Opernprojekt: *La Bohème*. Nach der Lektüre von Henri Murgers Roman hatte Puccini sich spontan dazu entschlossen, dieses Sujet zu vertonen. Im selben Brief wird auch eine mögliche Vertonung von Giovanni Vergas Novelle *La Lupa* angesprochen.

Im Herbst reist er zur ersten fremdsprachigen Aufführung einer seiner Opern, der deutschen Erstaufführung von *Le Villi* am 29. November in Hamburg, die unter der musikalischen Leitung Gustav Mahlers stattfindet. Von nun an wird er so viele Inszenierungen seiner Opern wie möglich selbst betreuen.

Im Dezember erreicht Puccini ein weiterer Brief Ricordis, in dem es unter anderem heißt, Illica habe eine schöne Handlung für das nächste Opernprojekt gefunden – es kann sich dabei um *La Bohème* oder auch einen von Puccini Ende des Jahres abgelehnten Stoff mit dem vorläufigen Titel *Le nozze di nane* handeln.

1893 Am 1. Februar wird Puccinis dritte Oper *Manon Lescaut* im Teatro Regio zu Turin mit Cesira Ferrani in der Titelrolle uraufgeführt. Mit *Manon* gelingt Puccini der große Durchbruch: Von nun an gilt er als designierter Nachfolger Giuseppe Verdis. Die Oper tritt rasch ihren Siegeszug durch die Opernhäuser Italiens und der Welt an.

Am 19. März treffen Puccini und Leoncavallo zufällig in Mailand zusammen und merken, dass sie beide an einer Oper *La Bohème* nach Murgers Roman arbeiten. Dies führt zu erbittertem Streit, da Leoncavallo, mit dem Puccini bei *Manon Lescaut* zusammengearbeitet hatte, behauptet, er habe Puccini auf den Stoff aufmerksam gemacht. In der Folge wird der Streit von den beiden rivalisierenden Verlegern Puccinis und Leoncavallos, Ricordi und Edoardo Sonzogno, publizistisch geschürt: Am 20. März kündigt Sonzognos Mailänder Tageszeitung *Il secolo* an, dass Leoncavallo seit geraumer Zeit an einer Oper mit dem Namen *La Bohème* arbeite, am nächsten Tag bringt der *Corriere della sera* eine ähnliche Ankündigung Puccinis. Aufgrund dieses Streits ist es schwierig, die frühe Entstehungsgeschichte von *La Bohème* zu rekonstruieren – es lag in Puccinis Interesse, den Arbeitsbeginn im Nachhinein so früh wie möglich anzusetzen. In jedem Fall meldet am 22. März Giuseppe Giacosa, der Illicas Handlung in Verse setzen soll, dass er einen Handlungsentwurf Illicas gelesen hat, der ihm mit Ausnahme des letzten Bildes gut gefällt, und dass er sich auf die Zusammenarbeit freut. Bald sind die Vorarbeiten zu *La Bohème* von Seiten Illicas und Giacosas so weit gediehen, dass auch Puccini mit der Arbeit beginnen kann. Noch im Frühjahr entstehen eine vollständige Skizze zum ersten Bild und Teile der Komposition.

Im Juli gelangt eine erste Fassung des *Bohème*-Buches in fünf Bildern zum Abschluss. Sie enthält noch ein später weggefallenes drittes Bild, das improvisierte Fest Musettes im Hof in der Rue Labruyère.

1894 Puccini arbeitet parallel zu *La Bohème* an einer Oper nach der Novelle *La Lupa* von Giovanni Verga. Im Frühjahr besucht er Verga und bespricht mit ihm die Einzelheiten der Umformung der Erzählung in ein Libretto. Auf der Heimfahrt trifft er die Gräfin Blandina Gravina, eine Tochter Cosima Wagners. Sie findet Vergas veristisches Sujet abstoßend und für Puccini völlig ungeeignet. Dadurch in seinen eigenen Zweifeln noch bestärkt, beschließt Puccini im Juli, *La Lupa* endgültig fallen zu lassen, und konzentriert sich fortan auf *La Bohème*. Aus dem Entwurf zu *La Lupa* übernimmt er Rodolfos Leitmotiv »Nei cieli bigi«.

Im Sommer erhält das *Bohème*-Buch seine definitive Form in nur vier Bildern.

1895 Am 21. Januar beginnt Puccini in Torre del Lago mit der Instrumentierung der *Bohème*-Partitur. Im Juni bezieht er in der Nähe des toskanischen Städtchens Pescia eine 40-Zimmer-Residenz, um dort in Ruhe die *Bohème* fertig zu stellen.

Am 23. Juli beendet er die Komposition des zweiten Bildes, am 18. September kann er die Niederschrift des dritten fertig stellen. Nach längeren schriftlichen Auseinandersetzungen zwischen ihm, Illica und Giulio Ricordi um ein geplantes Trinklied des Schaunard, das schließlich doch entfällt, beendet Puccini am 10. Dezember die Niederschrift der *Bohème*-Partitur. In der Folgezeit, auch nach der Uraufführung, erfährt sie jedoch noch zahlreiche Veränderungen. In Torre del Lago feiern Puccini und die anderen Mitglieder seines eigenwilligen Bohème-Clubs die Beendigung der Oper mit einer ausgelassenen Siegesfeier.

1896 Im Januar reist Puccini nach Turin, um die Proben zur Uraufführung von *La Bohème* zu überwachen, die am 1. Februar im Teatro Regio unter der Leitung von Arturo Toscanini stattfindet. Bühnenbilder und Kostüme entwirft Adolf von Hohenstein. Die Partien singen Cesira Ferrani (Mimì), Evan Gorga (Rodolfo), Camilla Pasini (Musetta), Tieste Wilmant (Marcello), Antonio Pini-Corsi (Schaunard), Michele Mazzara (Colline), Alessandro Polonini (Benoît/Alcindoro) und Dante Zucchi (Parpignol). Der Applaus am Ende ist höflich, der erhoffte Erfolg bleibt jedoch aus. Carlo Bersezio schreibt in der *Gazetta Piemontese*: »Niemand kann behaupten, dass *La Bohème* eine künstlerisch gelungene Oper sei – ich sage es mit Bedauern. Die Musik ist oberflächlich, zu oberflächlich, nicht etwa nur an den schwungvollen Stellen, sondern auch in den dramatischen und leidenschaftlichen Partien. So wie diese *Bohème* keinen tiefen Eindruck beim Hörer hinterlässt, so wird sie auch keine bedeutendere Spur in der Operngeschichte hinterlassen …« Aber es gibt auch einige positive Stimmen, ein unbekannter Kritiker schreibt im Genueser *Secolo XIX:* »Vielleicht bin ich ein Optimist, aber ich sage einen Triumphzug dieser Oper voraus, wenn man sie so aufführt wie hier … Die Musik ist klar, einfach, melodisch, voll Leidenschaft, es ist eine Musik, die erschüttert und berührt schon beim ersten Ansatz, sie entlockt den Beifall, ohne den Aktschluss abzuwarten …«

Am 23. Februar findet die römische Erstaufführung von *La Bohème* im Teatro dell'Argentina unter der Leitung von Edoardo Mascheroni statt. Das Publikum nimmt die ersten beiden Bilder kühl, die letzten beiden mit Begeisterung auf. Ein durchschlagender Erfolg der Oper bleibt jedoch aus.

Am 13. April findet die Erstaufführung der Oper in Palermo statt, die den Durchbruch für *La Bohème* bringt. Im August dirigiert Toscanini die Erstaufführung in Brescia, im November in Bologna. Auch in Neapel und Buenos Aires wird *La Bohème* noch 1896 erstaufgeführt.

Puccini, Illica und Giacosa beginnen mit der Arbeit an *Tosca*.

Puccini über Toscanini

»Toscanini dirigierte die Premiere von *La Bohème* in Turin. Er war damals erst 29 Jahre alt. Seine Interpretation war mehr als eine großartige Wiedergabe – es war eine wirkliche Nachschöpfung. Ich saß wie gefesselt da. Toscanini und ich stimmen nicht in allem überein; wir streiten heftig und beschimpfen uns, aber wir versöhnen uns immer wieder, weil wir uns als Musiker wirklich gegenseitig achten. Ich bin neun Jahre älter als er, aber in vielerlei Hinsicht ist er musikalisch weiter als ich. Er ist ein Genie! Unter seinem Zauberstab leuchtet meine und Wagners und Verdis Musik; die Art und Weise, wie er diese Leuchtkraft in Klang verwandelt, entzieht sich jeder Beschreibung. Toscanini dirigiert alles aus dem Gedächtnis. Sein sagenhaftes Gedächtnis bringt alle übrigen Dirigenten zum Verzweifeln. Als ich ihn bei der Premiere in Turin das Orchester und die Sänger vier Akte von *La Bohème* hindurch dirigieren sah, nicht eine einzige Note vor sich auf dem Pult, war mir, als müßte ich die Worte des Nicodemus wiederholen, die er zu Jesus sagte: ›Rabbi, wir wissen, daß Gott dich gesandt hat, um zu lehren, denn niemand kann die Wunder tun, die du tust, es sei denn, Gott ist in ihm.‹ Toscaninis Interpretationen sind tatsächlich Wunder, und sein unvergleichliches Gedächtnis ist eine kosmische Offenbarung. Toscanini ist Gott nahe, wenn er dirigiert.«

PUCCINI MIT ARTURO TOSCANINI, DEM DIRIGENTEN DER URAUFFÜHRUNG VON LA BOHÈME

1897 Im März erfolgt die Erstaufführung von *La Bohème* an der Mailänder Scala. Im April leitet Toscanini die venezianische Erstaufführung im Teatro Rossini. Die Oper wird in diesem Jahr auch in Alexandria, Moskau, Lissabon, Rio de Janeiro, Los Angeles und Den Haag in Originalsprache aufgeführt, in Manchester und London finden englischsprachige, in Wien am Theater an der Wien – nicht an der Hofoper, da Gustav Mahler Leoncavallos Vertonung vorzieht – und an der Berliner Krolloper (22. Juni) deutschsprachige Erstaufführungen statt.

Bei einer *Bohème*-Aufführung in Livorno singt Enrico Caruso, für Jahrzehnte der herausragende Interpret dieser Rolle, erstmals den Rodolfo.

Am 6. Mai findet die Uraufführung von Ruggero Leoncavallos *La Bohème* im Teatro La Fenice in Venedig statt. Im Laufe des Jahres wird Leoncavallos Oper noch in Hamburg, Riga und Budapest erstaufgeführt.

1898 Am 16. Mai findet die US-amerikanische Erstaufführung von *La Bohème* in New York mit italienischen Sängern statt. An den Proben zur Erstaufführung in französischer Sprache an der Pariser Opéra Comique ist Puccini selbst beteiligt. Nun sieht er die Stadt, die er nach Claude Debussy in seiner Oper besser als jeder andere beschrieben haben soll, zum ersten Mal. Weitere Aufführungen folgen in Barcelona, Athen, Warschau, Malta und Smyrna in italienischer Sprache sowie in Prag auf Tschechisch und in Zagreb auf Kroatisch.

1899 In Helsinki, St. Petersburg und Bukarest gibt es *La Bohème*-Inszenierungen in Originalsprache. Auch in London wird *La Bohème* unter der Leitung von Luigi Mancielli auf Italienisch gegeben.

1900 Am 14. Januar wird Puccinis *Tosca* im Teatro Constanzi in Rom uraufgeführt – ein freundlicher Erfolg, aber keinesfalls ein Triumph. Erst mit der Londoner Premiere am 10. Juni des folgenden Jahres gelingt der Durchbruch für *Tosca*, und die Oper beginnt sich rasch zu verbreiten, ebenso wie *Manon Lescaut* und *La Bohème*.

1901 In Stockholm wird *La Bohème* auf Schwedisch erstaufgeführt.

Puccini beginnt mit der Arbeit an *Madame Butterfly*.

1902 Picasso kommt zum dritten Mal für längere Zeit nach Paris und wohnt bei Max Jacob, der als Gehilfe in einem Modegeschäft angestellt ist. Picasso malt nachts, wenn Jacob schläft; geht Jacob morgens zur Arbeit, benutzt Picasso das Bett des Freundes. Im Winter 1902/03 fehlt es den Freunden an Heizmaterial – Picasso verbrennt stapelweise eigene Zeichnungen, Pastelle und Gouachen, um den Raum zu heizen.

1903 Am 25. November dirigiert Gustav Mahler erstmals *La Bohème* an der Wiener Staatsoper.

Puccini hat am 25. Februar einen schweren Autounfall, der ihn dazu zwingt, seine Arbeit an *Madame Butterfly* zu unterbrechen. Trotzdem wird sie Ende Dezember fertig.

1904 Die Uraufführung von Puccinis *Madame Butterfly* an der Mailänder Scala am 17. Februar endet in einem Fiasko. Erst mit der überarbeiteten dreiaktigen Version, die am 28. Mai am Teatro Grande in Brescia Premiere hat, beginnt der Siegeszug der Oper.

Am 3. Januar heiratet Puccini Elvira Bonturi-Gemignani, nachdem deren Mann im Vorjahr bei einem Autounfall ums Leben gekommen ist.

Der deutsche Kunstschriftsteller Wilhelm Uhde schreibt in seinem Buch *Paris. Eine Impression* über den Stadtteil Montmartre: »Hier ist das Reich der bildenden Künstler. Nicht der großen anerkannten, sondern aller derer, die statt Erfolg Hoffnungen, statt Geld Fleiß haben. Es ist eine Stadt für sich. In jedem Haus findet man Ateliers, und es gibt Gebäude, die aus solchen bestehen. Direkt von der Straße tritt man durch die simple Tür in den schmucklosen Raum, an dessen getünchten Wänden ein

ALLJÄHRLICHES KELLNERWETTLAUFEN ÜBER DEN MONTMARTRE AM 8. MÄRZ 1935.
DIE KELLNER MUSSTEN IN PERFEKT SITZENDEM ANZUG EIN TABLETT MIT EINER FLASCHE UND ZWEI GLÄSERN DURCH IHR ARRONDISSEMENT TRANSPORTIEREN.

paar Skizzen hängen. Ein Bett, das sich am Tage in eine Staffelei verwandelt, und eine Staffelei sind die einzigen wesentlichen Gegenstände. Die hier wohnen, wissen vom glänzenden Paris, das am anderen Ufer der Seine sich breitet, wenig ...«

1906 Am 2. September stirbt Giuseppe Giacosa in Colleretto Parella.

Um den Jahreswechsel reist Puccini zum ersten Mal nach New York, um dort die Proben seiner Opern selbst zu überwachen.

1907 An der Metropolitan Opera in New York findet die legendäre *Bohème*-Produktion mit Enrico Caruso als Rodolfo statt. Unter der Leitung von Arturo Vigna findet in Kansas City eine *Bohème*-Vorstellung mit Geraldine Farrar als Mimì und Enrico Caruso als Rodolfo statt. Puccini beginnt mit seinem nächsten Opernprojekt, *La Fanciulla del West*.

1910 Puccini reist zum zweiten Mal in die Vereinigten Staaten, um der Uraufführung von *La Fanciulla del West* am 10. Dezember an der Metropolitan Opera in New York beizuwohnen. Sie ist ein überwältigender Publikumserfolg, die Kritiken sind jedoch zwiespältig.

1912 Am 12. Juli stirbt Giulio Ricordi, ein schwerer Verlust für Puccini.

Im selben Jahr erscheint *Giacomo Puccini e l'opera internazionale* von Fausto Torrefranca, dessen Ziel es ist, wie er im Vorwort schreibt, Puccini als vollkommenste Verkörperung der »ganze[n] Dekadenz der modernen italienischen Musik und ihre[s] nackten Kommerzialismus«

anzugreifen. Die Kritik, seine Opern seien für ein Publikum, das sich mit Schönberg oder Strawinsky auseinander setze, überholt und daher als Kunstwerke von keinerlei Bedeutung, trifft Puccini hart. Er zieht allerlei Sujets für eine nächste Oper in Erwägung, verwirft sie dann aber wieder.

1914 Puccini beginnt im Auftrag des Wiener Karlstheaters mit der Arbeit an einer Operette *La Rondine*.

Der Erste Weltkrieg bricht aus.

1916 Puccini beginnt mit der Arbeit an *Il tabarro*.

Erste filmische Umsetzung von *La vie de bohème* in den USA.

1917 Puccinis *La Rondine*, die wegen des Kriegseintritts Italiens als Gegner Österreichs dort nicht aufgeführt werden kann, wird am 27. März in Monte Carlo uraufgeführt.

Puccini komponiert im Laufe des Jahres *Suor Angelica* und beginnt mit der Arbeit an *Gianni Schicchi*.

In Paris spielt zum ersten Mal eine Jazz-Band. Schon seit 1908 hatten Komponisten wie Debussy, Ravel oder Strawinsky begonnen, die Rhythmen und Instrumentierungen afro-amerikanischer Musik zu verarbeiten, in den frühen zwanziger Jahren entwickelt sich in der französischen Hauptstadt ein regelrechtes Jazz-Fieber. In den Bars und *café-concerts* von Montmartre und Montparnasse spielen Schwarze Jazz und Blues, die französischen Intellektuellen begeisterten sich für die *arts primitifs*.

1918 Am 14. Dezember wird an der Metropolitan Opera in New York Puccinis *Il trittico*, das Triptychon aus den drei Einaktern *Il tabarro*, *Suor Angelica* und *Gianni Schicchi* mit mäßigem Erfolg uraufgeführt. Nur *Gianni Schicchi* wird vom Publikum gefeiert und von der Kritik gelobt.

In Paris erhält auf Initiative von Jean Cocteau eine frisch eröffnete Bar, die auch als Kabarett für Musiker und Komponisten fungiert, den Namen *Le Bœuf sur le Toit*. Paul Valéry sagte von ihr, sie sei der Ort, an dem die Kunst der Musik begegne, die dann der Politik begegne, bevor sie dem Geld begegne, das der Literatur begegne, die wiederum der Lebensweise der Bohème begegne, und so weiter, bis der Kreis sich schließe.

1919 Luigi Illica stirbt am 16. Dezember.

Am 1. Januar findet die europäische Erstaufführung von *Il trittico* im Teatro Costanzi in Rom statt.

1920 Puccini beginnt mit der Arbeit an *Turandot*.

Im Pariser Stadtteil Montparnasse wird die *Dingo Bar*, Stammcafé von Ernest Hemingway, F. Scott Fitzgerald und vielen anderen amerikanischen *expatriots* der zwanziger und dreißiger Jahre, eröffnet.

1923 Das Pariser literarische Cabaret *Académie du Caméleon* in Montparnasse wechselt den Besitzer und wird in *Le Jockey* umbenannt. Hier singt Kiki, Muse und Geliebte von Man Ray und vielen anderen, ihre Lieder, die sie mit anzüglichen Gesten begleitet. Jean Cocteau, Marcel Duchamp und Louis Aragon zählen zu den Stammkunden.

1924 Am 29. November stirbt Giacomo Puccini in Brüssel an Kehlkopfkrebs. Seine letzte Oper, *Turandot*, an der

JOSÉPHINE BAKER IN TYPISCHER TANZ-POSE IM »CHEZ JOSÉPHINE« IN DER RUE FONTAINE, PARIS

er vier Jahre gearbeitet hatte, hinterlässt er unvollendet. Einen Monat nach seinem Tod, am 29. Dezember, dirigiert Toscanini an der Mailänder Scala eine Gedenkvorstellung von *La Bohème*.

1925 Auf Vorschlag Toscaninis beendet Puccinis Schüler Franco Alfano *Turandot* nach Puccinis Skizzen.

Am 2. Oktober tritt Josephine Baker zum ersten Mal in *La Revue Nègre* in der *Music-Hall des Champs-Élysées* auf. Sie wird über Nacht ein gefeierter Star.

1926 Am 25. April wird *Turandot* unter der musikalischen Leitung von Arturo Toscanini an der Mailänder Scala ohne Franco Alfanos Schluss uraufgeführt.

Im Pariser Künstlercafé *Le Jockey* lernen sich Ernest Hemingway und Josephine Baker kennen. Er berichtet darüber: »Tall, coffee skin, ebony legs, legs of paradise, a smile to end all smiles. Very hot night but she was wearing a coat of black fur, her breasts handling the fur like it was silk. […] I introduced myself and asked her name. ›Josephine Baker‹, she said. We danced nonstop the rest of the night. She never took off her coat. Wasn't until the joint closed she told me she had nothing on underneath.« Josephine Baker kommentiert die Begegnung später: »It was an epoch great in its youth. We were young and spirited. Youth is a fever. Everyone caught in. Everyone was inspired.«

1927 Am Pariser Boulevard du Montparnasse öffnet das *La Coupole* seine Pforten. Léon-Paul Fargue schreibt später über dieses Stammcafé von Künstlern der zwanziger Jahre wie Josephine Baker, Henry Miller, Anaïs Nin, Louis Aragon und Kay Boyle, es sei eine der »Akademien des Trottoirs, die das Bohèmeleben, die Verachtung des Bürgers, den Humor und die Saufographie lehrten«. In den vierziger Jahren verkehrten hier Ilja Ehrenburg, Samuel Beckett und Françoise Sagan.

1931 Henry Millers *Wendekreis des Krebses* erscheint. Der Roman, eine Verarbeitung von Millers eigenem Pariser Bohèmeleben, enthält unter anderem eine berühmt gewordene Beschreibung des Café du Dôme am Boulevard du Montparnasse, in dem neben Miller auch Ernest Hemingway, Jean-Paul Sartre, Simone de Beauvoir, Meret Oppenheim, Georges Braque, Claude Derain, Samuel Beckett und Amedeo Modigliani verkehren.

1939 Mit dem deutschen Angriff auf Polen am 1. September beginnt der Zweite Weltkrieg.

PARIS, AM 14. JULI 1928, NATIONALFEIERTAG

1940 Nach der Kapitulation Belgiens und der Niederlande rückt die deutsche Wehrmacht durch Frankreich vor. Am 16. Mai wird Paris kampflos besetzt. Am 22. Juni wird in Compiègne der Waffenstillstand unterschrieben, der Frankreich in einen besetzten und einen unbesetzten Teil, »Vichy-Frankreich«, teilt.

1944 Am 1518. Besatzungstag, dem 19. August, formiert sich in Paris offener Widerstand der Résistance gegen die deutsche Wehrmacht. Nach heftigen Kämpfen ist Paris am 25. August befreit. General de Gaulle zieht mit seinen Truppen in einem wahren Triumphmarsch über die Champs-Élysées.

1945 Am 8. Mai unterschreibt die Oberste Heeresleitung des Deutschen Reiches die bedingungslose Kapitulation.

1946 Anlässlich des 50. Jahrestages der Uraufführung dirigiert Toscanini eine konzertante Aufführung der *Bohème* an zwei Abenden (3. und 10. Februar) für den New Yorker Rundfunk, die bis heute als eine der herausragenden der unzähligen Einspielungen der Oper gilt.

1963 Herbert von Karajan und Franco Zeffirelli erarbeiten eine epochemachende *Bohème*-Inszenierung an der Mailänder Scala. Mirella Freni, wichtigste Mimì der sechziger und siebziger Jahre, gibt in dieser Produktion ihr Debüt und legt den Grundstein für eine Weltkarriere.

1991 Nach Verfilmungen aus den 20er, 30er und 40er Jahren beschäftigt sich der Regisseur Aki Kaurismäki in *La Vie de Bohème* mit dem Thema.

1996 Das Rock-Musical *Rent* von Jonathan Larson wird am Broadway mit großem Erfolg uraufgeführt. Puccinis Oper wird hier in die New Yorker Bohème der 1980er Jahre mit der neuen Bedrohung durch Aids transferiert.

2001 Der Film *Moulin Rouge* von Baz Luhrmann greift auf zahlreiche Elemente aus Murgers Roman zurück.

PARTY AM MONTPARNASSE ANLÄSSLICH DER FUTURISTEN-AUSSTELLUNG IN DER GALERIE 23 IM DEZEMBER 1929

1. BILD

Heiligabend in einer Pariser Mansarde

Dem Dichter Rodolfo und dem Maler Marcello will die Arbeit nicht von der Hand gehen. Es ist kalt in ihrer Mansarde. Rodolfo opfert großzügig sein neuestes Drama für ein kurzes Feuer im Ofen.

Ihr Freund Colline, ein Philosoph, stößt zu ihnen. Gerade hat er vergebens versucht, am Heiligabend seine Bücher im Pfandleihhaus zu Geld zu machen. Kurz darauf folgt der Musiker Schaunard. Er bringt zur allgemeinen Überraschung Essen, Wein, Holz und Geld mit, das er durch einen seltsamen Auftrag verdient hat: Für einen spleenigen Engländer musste er einen Papagei zu Tode musizieren. Das Geld liegt noch auf dem Tisch, als Benoît, der Vermieter, unverhofft vorbeikommt, um die überfällige Miete zu kassieren. Die vier Künstler machen ihn betrunken und verstehen es, ihn unverrichteter Dinge wieder loszuwerden.

Sie beschließen, den Weihnachtsabend im Café Momus zu verbringen. Rodolfo bleibt zurück, um noch einen Zeitungsartikel zu Ende zu schreiben. Da klopft es: Mimì, eine Nachbarin, bittet um Feuer für ihre erloschene Kerze. Sie verliert ihren Schlüssel, den beide im Dunkeln suchen. Rodolfo sorgt dafür, dass sie ihn nicht zu schnell finden. Sie kommen sich näher und verlieben sich ineinander. Als die Freunde von unten nach Rodolfo rufen, zieht das neue Paar mit ihnen ins Momus.

2. BILD

Café Momus

Ausgelassener Weihnachtstrubel im Quartier Latin. Straßenhändler bieten ihre Waren an, der Spielzeugverkäufer Parpignol kann sich vor dem Ansturm der Kinder kaum retten.

Die vier Bohémiens bringen ihr Geld unter die Leute; Rodolfo kauft ein Häubchen für Mimì. Man trifft sich schließlich zum Essen im Momus, wohin es auch Musetta, Marcellos frühere Geliebte, mit ihrem neuen, reichen Verehrer, Alcindoro, zieht. Marcello ist eifersüchtig, Musetta provoziert ihn und schickt Alcindoro mit einem Auftrag davon, um wieder zu Marcello zurückzukehren. Die beiden Paare, Colline und Schaunard ziehen gut gelaunt von dannen. Alcindoro wird bei seiner Rückkehr die Rechnung für alle begleichen müssen.

3. BILD

Februarmorgen am Stadtrand

Marcello arbeitet als »Kneipenmaler« in einem Cabaret am Stadtrand, wo auch Musetta als Sängerin auftritt. Mimì will mit ihm über Rodolfos unbegründete Eifersucht sprechen. Marcello rät ihr zur Trennung. Als Rodolfo hinzukommt, versteckt sie sich und hört Rodolfos wahre Beweggründe: Er fühlt sich nicht in der Lage, die schwerkranke Mimì zu versorgen. Mimì verlässt ihr Versteck. Rodolfo und sie wollen nun noch bis zum Ende des Winters zusammenbleiben. Nach einer heftigen Eifersuchtsszene verlässt Musetta Marcello.

4. BILD

In der Mansarde – ein halbes Jahr später

Marcello und Rodolfo gelingt es nicht, ihrer Arbeit nachzugehen. Wenn sie es sich gegenseitig auch nicht eingestehen wollen, sind ihre Gedanken doch bei Musetta und Mimì, die sie seit langem nicht mehr gesehen haben. Colline und Schaunard bringen diesmal nur ein karges Abendessen mit. Die vier Freunde versuchen, mit Humor das Beste aus der Situation zu machen.

Musetta bringt die todkranke Mimì zu ihnen, die Rodolfo noch einmal wiedersehen will. Musetta versetzt ihre Ohrringe, Colline seinen geliebten Mantel, um Medikamente und einen Arzt zu besorgen und der Sterbenden einen letzten Wunsch zu erfüllen. Allein zurückgeblieben, erinnern sich Rodolfo und Mimì ihrer ersten Begegnung. Die Freunde kehren zurück. Mimì stirbt. Rodolfo wird es als Letzter gewahr.

LINDY HUME begann ihre Karriere als Tänzerin an der Opera Australia, bevor sie in den Bereich der Choreographie, der Regie und der künstlerischen Produktionsleitung wechselte. Nach dem Abschluss eines Graduierten-Diploms für künstlerische Produktionsleitung an der University of South Australia arbeitete sie von 1993 bis 1996 als Künstlerische Leiterin der West Australian Opera. Danach übernahm sie die neu eingerichtete Funktion der künstlerischen Direktorin der Victoria State Opera, und seit der Verschmelzung dieser Company mit der Opera Australia wurde sie Direktorin der in Melbourne ansässigen OzOpera.

ULRICH SCHREIBER war nach dem Studium der Literaturwissenschaft und Philosophie als freiberuflicher Musikkritiker für den *Mittag* (1965/67) und die *Frankfurter Allgemeine Zeitung* (68/70), als Sprech- und Musiktheaterkritiker für das *Handelsblatt* (seit 1969) und die *Frankfurter Rundschau* (1970/99) tätig. Er verfasste Zeitschriftenaufsätze und Radioessays über literarhistorische und musikalische Themen. Mitautor am *Handbuch des deutschen Dramas*, am *Schubert-* und *Verdi-Handbuch*; Schallplattenführer *Klassik Auslese* ([3]1983, G. Braun Karlsruhe), Geschichte des Musiktheaters als *Opernführer für Fortgeschrittene* bei Bärenreiter (bisher drei Bände). Ehrendoktor der Universität Wuppertal, Juror für den Preis der Deutschen Schallplattenkritik, den Prix Mondial du Disque, den Mülheimer Dramatikerpreis und das Berliner Theatertreffen.

SUSANNE SCHRÖTER ist Ethnologin am Institut für Historische Ethnologie in Frankfurt und arbeitet zu den Themen Ritual, Religion, Geschlechterbeziehungen und Subkulturen. Sie hat langjährige Forschungen in Indonesien durchgeführt und als Gastprofessorin an den Universitäten Mainz, Yale und Frankfurt gelehrt. Zuletzt veröffentlichte sie das Buch *Die Austreibung des Bösen*, Stuttgart 2000; ihr nächstes Buch, *Geschlechterverwirrungen*, erscheint demnächst.

Ulrich Schreiber, *Der Einzige und sein Eigentum. Giacomo Puccini und die Ästhetik des Bohème-Stoffs*, Originalbeitrag.

Susan Sontag, *Krankheit als Metapher* (Auszüge), aus: Susan Sontag, *Krankheit als Metapher,* S. Fischer Verlag, Frankfurt am Main 1981. © 1978 Carl Hanser Verlag, München/Wien.

Susanne Schröter, *Rebellion als Lebensstil und Initiationserlebnis*, Originalbeitrag.

Henri Murger, *Donec gratus*, aus: Henri Murger, *Boheme. Szenen aus dem Pariser Künstlerleben.* Aus dem Französischen von Ernst Sander. © Reclam Verlag, Leipzig 1988.

Lindy Hume, *Über Nostalgie und Reue*, La Bohème *und einen Walzer mit meiner Großmutter,* Originalbeitrag (Übersetzung aus dem Englischen von Ilka Seifert).

Johannes R. Becher, *Café Stefanie*, aus: Johannes R. Becher, Gedichte 1936-1941. Bd. 4. In Johannes R. Becher, Gesammelte Werke. 18 Bände. © Aufbau-Verlag Berlin und Weimar 1973.

Deutsche Übersetzung des Librettos von Henning Mehnert aus: Henning Mehnert (Hg.), *Giacomo Puccini, La Bohème.* © Philipp Reclam jun. GmbH & Co., Stuttgart 1995.

Mark Schachtsiek stellte die Zeittafel für dieses Buch zusammen.

Alle Texte, die nicht unmittelbar für dieses Programmbuch entstanden sind, folgen jeweils ihrer ursprünglichen Orthographie, alle anderen der aktuellen amtlichen Rechtschreibung.

WEITERE LITERATUR

Giuseppe Adami, *Puccini – Briefe des Meisters*, Berlin 1944.
Walter Benjamin, Das Passagenwerk, in: Gesammelte Schriften, Bd. 5.1 und 5.2, Frankfurt 1982.
Mosco Carner, *Giacomo Puccini*, Frankfurt 1996.
Attila Csampai und Dietmar Holland (Hg.), *Giacomo Puccini, La Bohème. Texte, Materialien, Kommentare*, Reinbek 1981.
Arnold Hauser, *Die Wandlungen der Bohème*, aus: Arnold Hauser, *Sozialgeschichte der Kunst und Literatur*, Bd. 2, München 1953.
Clemens Höslinger, *Giacomo Puccini*, Reinbek 1984.
William Weaver und Simonetta Puccini (Hg.), *The Puccini Companion*, New York/London 1994.

BILDNACHWEISE

Bibliothèque Historique de la Ville de Paris: Umschlagabbildung, 159 (Fonds France Soir); Bibliothèque Nationale de France, Paris: 165; Bildarchiv Foto Marburg: 38; Carol Beckwith: 32; Gilberte Brassaï, Paris: 143; Getty Images, München: 33; Barbara Klemm, Frankfurt: 39; Arnaldo Marchetti, Lugano: 4; Ministère de la Culture, France (Fotos: André Kertész): 56, 168; Museo Teatrale alla Scala, Mailand: 42; National Archives, Washington: 163; Popperfoto, Orthampton: 156; Privatarchiv Lindy Hume, Melbourne: 50, 51, 53, 54; Rautenstrauch-Joest-Museum, Köln/Michael Bollig: 38/39; Roger-Viollet, Paris: 47

Alle übrigen Abbildungen stammen aus dem Archiv der Staatsoper Unter den Linden und dem Archiv des Insel Verlags.